Switzerland

Dear Barbara, Dear Bill

We would like to thank
you for your kind assistance
in making this trip to your
country unforgettable. We
would like to see you
again — hopefully in our
little country Switzerland.

With best wishes your Swiss
friends

Veronica & Rudolf Hugi
Sabine, Michael, Christian &
Stephen

Mettmenstetten / Switzerland
July 14, 1990

Martin Renold
Heinz Dietz   Siegfried Eigstler

SWITZERLAND

Ein Bilderbuch
Un livre d'images
Un libro di immagini
A picture-book

AT Verlag Aarau · Stuttgart

5. Auflage 1989

© 1983
AT Verlag Aarau (Schweiz)

Texte: Martin Renold
Übersetzungen:
Französisch und Italienisch: Inter Serv AG, Zürich
Englisch: Kay Gillioz-Pettigrew, Freiburg
Ladinisch: Andri Peer, Winterthur
Surselvisch: Ludivic Hendry, Schaffhausen
Surmeirisch: Ambros Sonder, Zug

Fotos: Heinz Dietz, Siegfried Eigstler
Otto Pfenniger, Zürich: Seiten 70, 72/73, 86
Swissairfoto, Zürich: Seiten 18, 26/27

Umschlag: AT-Grafik
Gesamtherstellung: Grafische Betriebe
Aargauer Tagblatt AG, Aarau

Printed in Switzerland

ISBN 3-85502-277-1 (4., überarbeitete Auflage)
(ISBN 3-85502-161-9, Erstauflage)

Ein Wort an den Leser

Sie haben dieses Buch erworben, vielleicht weil Sie als Besucher aus dem Ausland eine kleine Erinnerung mitnehmen wollen, vielleicht weil Sie als Schweizer neugierig sind, was da irgendeiner über Ihren Kanton oder Ihre lieben Miteidgenossen aussagt. Wenn Sie das Büchlein nicht nur der Bilder wegen gekauft haben, dann seien Sie bitte nicht enttäuscht über die Kürze der Charakterisierung oder das Fehlen manch wichtiger Informationen. Das Büchlein soll kein Führer sein, es will nicht belehren, sondern nur vereinzelte Hinweise geben und dabei auch ein wenig unterhalten. Bei dem knappen Raum konnte notgedrungen nicht viel gesagt werden, nicht einmal immer das Wesentliche, sondern das, was dem Autor beim ersten Gedanken an den entsprechenden Kanton gerade einfiel. Auch die Angaben am Rande sollten Sie nicht allzuernst nehmen. Aus dem grossen Angebot an Sehenswürdigkeiten, Kultur- und Bildungsstätten, Persönlichkeiten usw. wurde jeweils nur eine, subjektiv, ja fast willkürlich ausgewählt. So mögen zum Beispiel die Zürcher verzeihen, dass einer ihrer grössten Söhne in den Kanton seines letzten Wirkens verpflanzt wurde, und nicht vergessen, dass der bei ihnen Genannte, der Mann, der von Zürich aus wohl am nachhaltigsten gewirkt hat, eigentlich auch kein Zürcher war, sondern aus dem sanktgallischen Toggenburg kam. Auch all die grossen Männer, die Genf hervorgebracht hat, sollen neben dem einen nicht vergessen, lediglich hier unerwähnt bleiben. Und wenn wir sonst nur Namen verstorbener Grössen nannten, so möge immerhin derjenige der jüngsten und kleinsten Grossen stellvertretend für alle Lebenden stehen, vor allem auch für all die grossen Frauen, die unser Land hervorgebracht hat, angefangen bei der legendären Stauffacherin bis hin zu einer Marie Vögtlin, der sich als erster Frau die Tore einer europäischen Universität geöffnet haben. Die Nidwaldner sollen sich freuen, die andern bedenken, dass kaum ein anderer Name eines Schweizers oder einer Schweizerin — wir verdanken es dem Fernsehen — zu so vielen Ohren in aller Welt gefunden hat.

Lassen Sie sich, lieber Leser, also nicht schulmässig, sondern ganz ungezwungen, in Ferienstimmung sozusagen, durch unser schönes Land führen. Wir wünschen Ihnen dabei Erholung vom gestressten Alltag und viel Freude.

Autor und Verlag

Die Bedeutung der Symbole

- ☐ Fläche des Kantons
- ⌂ Einwohnerzahl
- ○ Hauptort
- ▌ Sprache(n)
- ⠿ Der längste Fluss
- ▨ Der grösste See
- ▲ Der höchste Berg
- ⌂ Der höchste befahrbare Pass
- ✷ Ein beliebtes Ausflugsziel innerhalb des Kantons
- ▉ Eine Sehenswürdigkeit
- ♬ Ein Theater
- **m**〉 Eine interkantonale oder kantonale Messe
- ▥ Ein wichtiges oder bekanntes Erzeugnis aus dem Kanton
- ⏐O⏐ Eine typische Speise
- ⊞ Ein typischer Leckerbissen
- ⚰ Ein Weisswein
- ⚰ Ein Rotwein
- ⟜ Eine historische Persönlichkeit

Avertissement au lecteur

Peut-être avez-vous acquis ce livre pour emporter un petit souvenir d'un voyage en Suisse; ou bien Suisse vous-même, la curiosité vous est venue de savoir ce qui peut bien se dire de votre canton ou de vos concitoyens. Si les illustrations n'ont pas été le seul motif d'acheter ce petit ouvrage, nous ne voudrions pas que la brièveté des descriptions et l'absence de bien des informations essentielles soient pour vous un sujet de déception. Il ne s'agit pas là d'un guide ou d'un manuel de référence; nous voulons simplement vous apporter quelques renseignements et vous divertir un peu. Ce modeste volume ne permettait pas de s'étendre sur le sujet, et souvent pas même de dire l'essentiel; l'auteur vous livre une sorte de «flash subjectif» sur chacun des cantons qu'il caractérise. Les indications en marge ne doivent elles-mêmes pas être prises trop au sérieux. La sélection faite parmi les multiples curiosités, œuvres diverses du patrimoine culturel, personnalités, etc., ne pouvait être qu'arbitraire. Les Zurichois, par exemple, nous pardonneront d'avoir transplanté un de leurs plus grands concitoyens dans le canton où il a œuvré en définitive; ils n'oublieront pas que l'homme indiqué pour Zurich, et dont l'influence a été capitale à partir de cette ville, provenait en fait du Toggenbourg saint-gallois. Si nous ne mentionnons qu'un seul parmi tous les grands hommes que Genève a engendrés, cela ne signifie pas que les autres doivent tomber dans l'oubli. Et alors que nous avons donné en règle générale des noms de grands disparus, la plus jeune et la plus menue de nos célébrités sera représentative de nos contemporains et plus particulièrement des femmes remarquables de notre pays, depuis la légendaire épouse de Stauffacher jusqu'à Marie Vögtlin, première femme à passer les portes d'une université européenne. Cela doit réjouir les gens de Nidwald et faire réfléchir les autres de se dire que – par la vertu des mass-média – il n'y a guère de Suisse ou de Suissesse dont le nom soit familier à autant d'oreilles dans le monde.

C'est donc en toute décontraction, cher Lecteur, que nous voulons vous mener à travers notre beau pays, en quelque sorte dans un esprit d'école buissonnière. Nous vous souhaitons d'oublier ainsi le stress quotidien et de bien vous divertir.

L'auteur et l'éditeur

Nota introduttiva

Acquistando il presente volumetto, il cortese lettore ha forse voluto portarsi a casa un ricordo della Svizzera, oppure era semplicemente curioso di sapere cosa avesse da dire sul conto del Suo Cantone o degli altri Svizzeri. Ma se ha comperato questo libro più per il testo che per le sue illustrazioni, allora non sia deluso della brevità delle descrizioni o se non dovesse trovarvi certe informazioni che ritiene particolarmente importanti. Scopo di quest'opera, infatti, non è quello di servire da guida turistica o da testo d'informazione sulla Svizzera, ma piuttosto di fornire qualche dato interessante e anche, perchè no, di divertire un poco. La scarsità di spazio ci ha costretti a tralasciare cose importanti e l'Autore ha scritto ciò che gli è venuto in mente su ciascun Cantone. Nemmeno bisogna attribuire eccessiva importanza alle note. Fra tutte le bellezze naturali, i centri e le istituzioni culturali ed i personaggi famosi, è stato scelto di volta in volta un solo soggetto, e questa scelta è stata fatta così, quasi a caso. Per questo, gli Zurigani ci perdonino di non aver menzionato nel loro Cantone quel concittadino così famoso, che abbiamo invece collocato nel Cantone dove è stato attivo durante i suoi ultimi anni di vita. Anche fra i molti nomi celebri della storia ginevrina abbiamo dovuto limitarci a uno solo. A fianco dei nomi del passato, abbiamo messo quello della più giovane celebrità del presente, anche perchè rappresenti tutte le donne alle quali il nostro Paese ha dato i natali, a cominciare dalla leggendaria Stauffacherin fino a Maria Vögtlin, che fu la prima donna a varcare la soglia di un'ateneo europeo. I Nidwaldesi sono certamente orgogliosi che, grazie ai moderni mezzi di telecomunicazione, il nome della loro giovane concittadina sia risuonato nel mondo intero.
Al lettore basta quindi rilassarsi e seguire questo allegro viaggio attraverso la nostra bella Svizzera, i cui mille e svariati aspetti gli faranno dimenticare le preoccupazioni della vita quotidiana. Un cordiale buon viaggio!

L'Autore e l'Editore

Spiegazione dei simboli

- ☐ Superficie del Cantone
- Numero di abitanti
- ○ Capitale
- Lingua (o lingue)
- Il fiume più lungo
- Il lago più grande
- ▲ La montagna più alta
- Il valico carrozzabile più alto
- ✱ Un'apprezzata meta di gite nel Cantone
- Una bellezza naturale
- ♫ Un teatro
- m› Una fiera o esposizione intercantonale o cantonale
- Un'importante o famoso prodotto cantonale
- Un piatto tipico
- Una specialità tipica
- Un vino bianco
- Un vino rosso
- Una personalità storica

A Word to the Reader

The Meaning of the Symbols

☐ Area of the canton

⌂ Population

○ Main town

▮ Language(s) spoken

🌊 The longest river

🌊 The largest lake

▲ The highest mountain

🏛 The highest vehicular pass

✳ A favourite resort for trippers

🏛 A place of interest

♫ A theatre

m⟩ An intercantonal or cantonal trade fair

🏭 An important or well-known cantonal product

|O| A typical dish

▦ A typical delicacy

🍷 A white wine

🍷 A red wine

🛥 An historical personage

You may have bought this book because you are a visitor to Switzerland and want it as a memento; or perhaps you are Swiss and curious to know what is being said about your canton and your confederates. Should you not have bought the book merely for the sake of the pictures, you mustn't be disappointed by the brevity of the description or the lack of much important information. This book is not intended as a guide nor does it seek to instruct; its aim is merely to give the briefest of information and to provide a little entertainment. Since it is not possible to say very much—sometimes not even the essentials—in the limited space available, the author has simply written what first comes to mind about each canton. And the reader should not attach too much importance to the 'asides' either; a wellnigh arbitrary choice has been made from among the vast number of sights worth seeing, cultural institutions, famous people, etc. Thus, the people of Zurich will forgive the circumstance that one of its most famous men has been transplanted to the canton where he worked in later life, bearing in mind that the man mentioned within the Zurich context, whose work probably left the most lasting mark, was in fact not a Zurich man at all since he originated from Toggenburg in the Canton of St. Gallen. And the mention of a single Geneva man is not to forget all the other famous men that city has produced. And if we have otherwise mentioned only great men who are no longer living, may the youngest and most diminutive of the greats represent all the living, above all the famous women that our country has produced, ranging from the legendary 'Stauffacherin' to a Marie Vögtlin, the first woman to enter a European university. It will be a source of pleasure to the people of Nidwalden and food for thought for the other confederates that, thanks to the mass media, few other Swiss names have reached so many ears all over the world.

Thus, therefore, come with us in lighthearted holiday mood, rather than with any desire to increase your knowledge, and allow us to show you our beautiful country. We hope this will rest you after the stress of everyday life and afford you as much pleasure as it will give us to guide you.

The Author and the Publisher

Drüben über dem See, dem weit zwischen die steil abfallenden Berge hinein-
reichenden Arm des Vierwaldstättersees: die historische Rütliwiese, «Wiege
der Eidgenossenschaft» genannt, wo die Mannen von Uri, Schwyz und Unterwalden sich ewige Treue und Hilfe gegen die Knechtschaft der Vögte schwo-
ren. Der Stier im Wappen erinnert an Wildheit und elementare Kraft, von der
das Land Uri wie kaum ein anderer Kanton geprägt zu sein scheint. Reissende
Wildbäche, tief eingeschnittene Täler, Föhnsturm auf dem See, bärtige Berg-
bauern auf den fast unzugänglichen Alpweiden, der Gotthard – sein Pass
schon früh durch die Teufelsbrücke erschlossen, im letzten Jahrhundert
durch den Eisenbahntunnel und in den letzten Jahren durch eine imposante
Autobahn bezwungen – dies alles ballt sich hier als gebändigte oder unge-
bändigte Energie zusammen.

Là-haut, par delà un bras du lac des Quatre-Cantons qui s'étire entre des
montagnes abruptes, voici le pré du Grütli, «berceau de la Confédération», où
les hommes d'Uri, de Schwyz et d'Unterwald se sont juré fidélité et assistance éternelles contre la servitude des baillis. Le taureau que portent les
armoiries du canton symbolise le caractère particulièrement sauvage et pri-
mitif de la nature dans ce pays d'Uri. Torrents impétueux, vallées profondes,
tempêtes de foehn sur le lac, paysans barbus sur des alpages presque inac-
cessibles, le Gotthard – son col, un passage franchi depuis longtemps par le
pont du Diable, développé au siècle dernier par le tunnel ferroviaire et récemment par une imposante autoroute –, tout ici parle d'énergie, apprivoisée
ou non.

Dall'altra parte di quel ramo del Lago dei Quattro Cantoni che si addentra
profondamente fra le scoscese montagne: lo storico praticello del Grütli,
dove gli uomini di Uri, Svitto e Unterwalden si giurarono fedeltà e aiuto eterni
contro l'oppressione esercitata dai padroni feudali. Il toro nello stemma ri-
corda la natura selvaggia e le forze primitive, dalle quali Uri sembra essere
stato coniato più di ogni altro Cantone. Torrenti impetuosi, valli e gole profondamente scavate, la tempesta del favonio sul lago, i barbuti contadini di
montagna sui pascoli alpestri quasi inaccessibili, il San Gottardo, transitabile
già in tempi remoti grazie al leggendario ponte del Diavolo, vinto poi nel
secolo scorso dalla galleria ferroviaria e domato forse definitivamente in
questi ultimi anni da un'imponente autostrada: tutto questo si concentra qui
sotto forma di energia soggiogata oppure libera e prorompente.

There, beyond the arm of the Lake of Lucerne that stretches far between the
steep sides of the mountain valley, lies the historical Rütli Meadow, the
cradle of the Confederation. Here the men of Uri, Schwyz and Unterwalden
swore the Oath of Perpetual Alliance and promised mutual aid against their
oppressors, the Habsburg landvogts. The bull on Uri's flag recalls the
untamed elemental forces which appear to typify the Canton of Uri more than
any other. Roaring torrents, deeply cleft valleys, foehn storms over the Lake,
bearded mountain farmers on the wellnigh inaccessible alpine pastures and
the Gotthard Massif. The Gotthard Pass was opened up very early on when
the Devil's Bridge was constructed, first for pedestrian and later on for
vehicular traffic. A century ago the Gotthard railway tunnel was built and
recently an impressive motorway has been added. All these elements meet
here as both harnessed and unharnessed energy.

Uri

1291

- ☐ 1077 km²
- 🐑 33 456
- ○ Altdorf
- ▌ Deutsch
- 〰 Reuss
- 〰 Urnersee
- ▲ Dammastock
  3630 m
- 🏛 Susten 2224 m
- ✳ Rütli
- ♟ Tellskapelle
- ♫ Kellertheater im
  Vogelsang, Altdorf
- ▥ Munition
- ⦿ Kabis und
  Schaffleisch
- ▦ Uristierli
- ⛵ Wilhelm Tell
  (13. Jh.)

◁◁ *Urnersee*
◁ *Sustenpass*

11

Der fast 1100 Meter hohe Etzel beherrscht den oberen Teil des Zürichsees. Steil fällt er ab gegen die Halbinsel Hurden, die zusammen mit dem Seedamm den Obersee vom Zürichsee abtrennt. Hier ist der äussere Bezirk, der einmal Geschichte machte, als er sich vom alten Kantonsteil lösen wollte. Jener ist eben schon geographisch mehr zur Innerschweiz um den Vierwaldstättersee ausgerichtet. Der Hauptort Schwyz wird vom Grossen und vom Kleinen Mythen bewacht, doch ihre «Popularität» wird vom Berg im westlichen Zipfel des Kantons – der oder dem (alte Streitfrage!) Rigi –, der als der schönste Aussichtsberg der Schweiz bekannt ist, überboten. In der Mitte des Kantons, auf einem hochgelegenen Plateau, liegt der berühmte Wallfahrtsort Einsiedeln mit seiner barocken Klosterkirche.

De ses presque 1100 mètres, l'Etzel domine la partie supérieure du lac de Zurich. Son flanc escarpé aboutit à la presqu'île de Hurden, qui s'allie à une digue pour séparer l'Obersee («lac Supérieur») du lac de Zurich. C'est la région du «district extérieur», qui fit parler de lui à l'époque, alors qu'il voulait se séparer de l'ancien canton. C'est que de par sa géographie, celui-ci est essentiellement orienté vers la Suisse centrale et le lac des Quatre-Cantons. Schwyz, le chef-lieu, est encadré par le grand et par le petit Mythen; sa «popularité» est toutefois surclassée par la montagne située à la pointe occidentale du canton – le ou la (vieille querelle d'Allemand) Rigi –, connue pour offrir une des plus belles vues panoramiques en Suisse. Au milieu du canton, sur un haut plateau, se trouve le fameux centre de pèlerinage Einsiedeln, avec son abbatiale baroque.

L'Etzel, alto quasi 1100 metri, domina l'alto lago di Zurigo. I suoi fianchi scoscesi digradano rapidamente sulla penisola di Hurden, che, con la diga che la prolunga, separa il lago Superiore da quello di Zurigo vero e proprio. È qui che si trova il distretto che fece storia, allorquando volle staccarsi dal resto del vecchio cantone. Quest'ultimo, infatti, fa parte geograficamente della Svizzera centrale, adagiata sulle rive del lago dei Quattro Cantoni. La capitale, Svitto, è custodita dal Grande e dal Piccolo Mythen, ma la popolarità di queste due bellissime vette viene di gran lunga superata da quella che è famosa come la più bella montagna panoramica di tutta la Svizzera: il Righi, che si erge nella parte occidentale del Cantone. Al centro di esso, invece, situato su di un altopiano, ecco il celebre luogo di pellegrinaggio Einsiedeln, con la sua chiesa conventuale di stile barocco.

The Etzel, not quite 1100 metres high, dominates the upper part of the Lake of Zurich. It falls steeply towards the Hurden Peninsular which, together with the dam, separates the Obersee, or Upper Lake, from the Lake of Zurich proper. Here is the outlying district which once made history when it tried to break away from the main canton. Indeed, this area tends geographically to belong more to the original part of Switzerland on the Lake of Lucerne. The Grosse and Kleine Mythen stand like sentinels over the main town, also called Schwyz, but their popularity is surpassed by that of the mountain on the western tip of the Canton—the Rigi, considered to afford the most beautiful views in Switzerland. At the centre of the Canton, on a high plateau, lies the famous place of pilgrimage, Einsiedeln, with its baroque monastic church.

Schwyz

1291

☐ 908 km²
⌂ 103 358
○ Schwyz
🀫 Deutsch
🌊 Muota
🌊 Vierwaldstättersee
▲ Böser Faulen 2802 m
🏛 Ibergeregg 1406 m
✳ Rigi
🕍 Kloster Einsiedeln
♫ Bühne 66, Schwyz
🛋 Möbel
🍽 Hafenkabis
⊞ Einsiedler Schafböcke
♟ Leutschner
♟ Leutschner
🗝 Ital Reding d. Ältere (15. Jh.)

◁ *Bisistal*
▷ *Sihlsee*

13

Obwalden ist ein Halbkanton. Warum dies so ist, weiss zwar niemand. Doch schon bei der Gründung der Eidgenossenschaft war von den beiden Ländern ob und nid dem Wald die Rede. Und dann zerfällt dieser kleine Halbkanton erst noch in zwei Teile: den grösseren, durch den es gleich hinter Luzern und dann am lieblichen Sarnersee vorbei zum Brünig hinaufgeht, und den kleineren mit dem Kurort Engelberg und der an kulturellen Schätzen so reichen Abtei am Fusse des markanten, mit ewigem Schnee bedeckten Titlis. Im heimeligen Hauptort Sarnen wird noch jedes Jahr eine Landsgemeinde abgehalten.

Obwald est un demi-canton. Personne ne sait trop pourquoi. Dès l'époque où la Confédération est née, on a dit «ob» (au-dessus) et «nid» (au-dessous) «dem Wald» (de la forêt). Et ce petit demi-canton se subdivise encore en deux parties: la plus grande qui va de Lucerne le long du charmant lac de Sarnen et jusqu'au col du Brunig, la plus petite avec la station d'Engelberg et son abbaye riche en trésors culturels au pied de l'impressionnant Titlis, coiffé de neiges éternelles. Une «Landsgemeinde» est tenue chaque année encore dans le joli petit chef-lieu qu'est Sarnen.

Obwalden è un semicantone. Perchè, a dire il vero, nessuno lo sa. Ma già quando venne fondata la Confederazione si parlava dei due Paesi, quello sopra e quello sotto la Selva. E, come se ciò non bastasse, questo minuscolo semicantone si suddivide in due parti: quella più grande, che inizia subito dopo Lucerna, per continuare poi lungo l'ameno lago di Sarnen e su, su fino al passo del Brünig, e quella più piccola, con la stazione climatica di Engelberg e l'abbazia, così ricca di tesori culturali, ai piedi del caratteristico Titlis, la cui vetta è coperta dalle nevi eterne. Ogni anno, nell'accogliente capitale, Sarnen, si tiene la Landsgemeinde.

Obwalden is a 'half-canton', although nobody really knows why. Even when the Confederation was founded people spoke of 'ob und nid dem Wald'— 'above and below the forest'. What is more, this tiny half-canton falls into two parts, the larger section leading just behind Lucerne and along the charming Lake of Sarnen to the Brünig Pass, and the smaller, with the resort of Engelberg and its abbey, so rich in cultural treasures, at the foot of the prominent, perpetually snowclad Titlis. The traditional 'Landsgemeinde' or annual assembly of the citizens is still held in the open air every year in the charming little main town of Sarnen.

Obwalden

1291

☐ 491 km²
🏠 27 594
◯ Sarnen
🗣 Deutsch
〰 Sarner Aa
〰 Sarnersee
▲ Titlis 3239 m
🏔 Glaubenbüelen 1611 m
✳ Melchsee-Frutt
⛪ Benediktinerabtei Engelberg
💠 Kristallglas
🍴 Älplermakkaronen mit Apfelmus
▦ Obwaldner Lebkuchen
⚓ Niklaus von Flüe (15. Jh.)

◁ *Lungernsee*

17

Nidwalden beansprucht fast das ganze Südufer des Vierwaldstättersees für sich. Stans hinter dem auch im Ausland als Ort wichtiger Konferenzen bekannten Bürgenstock ist Haupt- und Landsgemeindeort des Kantons, der sich durch das Tal der Engelberger Aa bis fast zum Gipfel des Titlis erstreckt. Der Pilatus, wenigstens die Luzern und dem See zugewandte und auch von der übrigen Schweiz am meisten bewunderte Seite, gehört den Nidwaldnern und nicht etwa den Luzernern. Sie dürfen nur den imposanten Anblick geniessen, der den meisten Nidwaldnern selber verwehrt ist.

Nidwald occupe presque toute la rive sud du lac des Quatre-Cantons. Derrière le Burgenstock – un centre de conférence international fort connu –, Stans fait office de chef-lieu et de centre de «Landsgemeinde» d'un demi-canton qui s'étend à la vallée de l'Aa au-delà d'Engelberg et presque jusqu'au sommet du Titlis. Le Pilate, au moins la face tournée vers Lucerne et le lac, la face que connaît toute la Suisse, n'appartient pas aux Lucernois. Mais ceux-ci jouissent d'un spectacle imposant qui reste caché à la plupart des Nidwaldais.

Nidwalden occupa quasi tutta la riva meridionale del Lago dei Quattro Cantoni. Stans, situata alle spalle del Bürgenstock, una località nota anche all'estero come centro di importanti conferenze, è la capitale di questo Cantone e vi si tiene anche la Landsgemeinde. Il Nidwalden si estende dalla valle dell'Aa di Engelberg fino quasi alla vetta del Titlis. Il versante del Pilatus rivolto verso Lucerna, che è anche il fianco più ammirato di questa celebre montagna, non appartiene ai Lucernesi, sebbene essi possano godersene la vista, che rimane invece nascosta ai Nidwaldesi, suoi proprietari da secoli.

Nidwalden takes up almost all the south shore of the Lake of Lucerne. Stans, situated behind that international conference centre, the Bürgenstock, is the main town which also has its annual 'Landsgemeinde'. The Canton stretches along the valley of the Engelberg river, the Aa, almost to the peak of the Titlis. Mount Pilatus, or at least the side turned towards Lucerne and the Lake—the one most admired by the rest of Switzerland—does not belong to the people of Lucerne at all; they are merely allowed to enjoy the impressive view which is denied most of the Nidwalden folk who might be said to own the mountain!

Nidwalden

1291

☐ 276 km²
⚶ 31041
○ Stans
🚹 Deutsch
〰 Engelberger Aa
〰 Vierwaldstättersee
▲ Ruchstock 2812 m
🏛 Ächerlipass 1458 m
✳ Stanserhorn
🎎 Winkelried-Denkmal, Stans
🛩 Pilatus-Porter (Flugzeug)
🍴 Ofetori
𝄜 Nidwaldner Bratchäsli
🎿 Erika Hess

◁ *Bürgenstock und Pilatus*

An den Quais und in den Gassen der Altstadt Luzerns, der Hauptstadt des gleichnamigen Kantons, kann es zur Sommerszeit vorkommen, dass man ab und zu in dem babylonischen Sprachengewirr auch einmal Deutsch, die Sprache der Einheimischen zu hören bekommt. Am Ende des vielarmigen Vierwaldstättersees, dort wo die Reuss abfliesst, vor der gewaltigen Kulisse des Pilatus gelegen, kann Luzern mit einer einzigartigen Ambiance aufwarten, die ganze Heerscharen von Touristen aus aller Welt anlockt. Doch nicht nur die Stadt ist von der Natur bevorzugt, auch der übrige Kanton mit seinen malerischen Städtchen und den Wandergebieten von den sanften Hügeln um den Baldeggersee und den Sempachersee bis hinauf zum Napf und der 2000 Meter hohen Schrattenfluh hat seine Schönheiten.

Sur les quais et dans les ruelles de la vieille ville de Lucerne, chef-lieu du canton du même nom, il arrive, dans la confusion babylonienne de la saison estivale, qu'on entende parler allemand, la langue des autochtones. A l'extrémité du lac des Quatre-Cantons si extraordinairement découpé, à l'embouchure de la Reuss et devant l'impressionnant tableau que constitue le Pilate, Lucerne offre une ambiance unique qui attire des masses de touristes du monde entier. Mais la ville n'est pas seule à jouir de privilèges naturels; le reste du canton possède lui aussi des charmes certains avec ses petites localités pittoresques, ses zones de randonnées sur les douces collines qui entourent le lac de Baldegg et le lac de Sempach, et qui mènent jusqu'au Napf et au Schrattenfluh à 2000 mètres.

Durante la stagione estiva, può anche succedere che sul lungolago e nelle viuzze della vecchia città di Lucerna, capitale del Cantone omonimo, fra la confusione quasi babilonese di lingue che vi regna, può anche succedere, dicevamo, di udire il dialetto lucernese. Adagiata all'estremità del Lago dei Quattro Cantoni, uno specchio dai molti bracci, là dove ne esce la Reuss, con il Pilato che le fa da splendido sfondo, Lucerna presenta un'atmosfera del tutto unica, che attira ogni anno legioni di turisti da ogni parte del mondo. Ma non è solo la città ad essere stata avvantaggiata dalla natura: l'intero Cantone, con le sue pittoresche cittadine, le dolci colline attorno ai laghi di Baldegg e di Sempach e su, su, fino ai versanti del Napf ed ai duemila metri di quota della Schrattenfluh, zone ideali per le escursioni, ha moltissime bellezze da far ammirare.

In summer, along the quays and in the little streets of the old part of Lucerne, the main town of the Canton of Lucerne and a latter-day Babel, you might just possibly hear a little German, the language of the local people. At the end of the many-armed Lake of Lucerne, where the River Reuss flows against the grand backdrop of Mount Pilatus, Lucerne with its unique ambiance draws hosts of tourists from all over the world. And it is not only the town which is thus blessed by nature—the entire Canton with its picturesque little townships and the hiking regions from the gentle hills around the Lake of Sempach to the Napf and the 2000-metre-high Schrattenfluh is brimful of magnificent scenery.

Luzern

1332

☐ 1492 km²
⚅ 306 132
○ Luzern
🚹 Deutsch
🏞 Kleine Emme
🏞 Vierwaldstättersee
▲ Brienzer Rothorn 2350 m
🏛 Glaubenbüelen 1611 m
✳ Bürgenstock
🏛 Hans-Erni-Haus, Luzern
♫ Kleintheater, Luzern
m⟩ LUGA, Luzern (Mai)
🏺 Keramik
🍴 Luzerner Kügelipastete
⊞ Luzerner Lebkuchen
🍷 Heidegger
🍷 Rosenauer
🛥 Ludwig Pfyffer (16. Jh.)

◁ *Baldeggersee*
▷ *Kapellbrücke Luzern*

Zürich ist – ebensowenig wie Genf – die Hauptstadt der Schweiz, auch wenn es von vielen Ausländern dafür gehalten wird. Zürich ist allerdings die grösste Stadt der Schweiz, ihre Bahnhofstrasse – nicht nur der Banken wegen weltberühmt – gilt als eine der schönsten Strassen der Welt. Aber auch der Ausblick von der Quaibrücke, sowohl nach Norden zur Stadt wie südwärts zum See und den Alpen, entlockt den Fremden manch Oh und Ah. In Ermangelung eigener hoher Berge haben die Zürcher kurzerhand alle andern in Sichtweite zu ihren Hausbergen erkoren, zum Unwillen der Nachbarn, die ihren Säntis, Tödi oder die Mythen den Zürchern nicht gönnen mögen. Sollen die sich doch mit ihrem eigenen schönen Land begnügen, das vom sanften Gelände südlich des Rheins bis zu den waldigen Hügeln des Oberlandes reicht und als «Goldküste» zum blauen Zürichsee abfällt.

Pas plus que Genève, Zurich n'est la capitale de la Suisse, mais beaucoup d'étrangers la considèrent comme telle. Zurich est pourtant la plus grande ville de Suisse et sa Bahnhofstrasse – pas seulement en raison des banques – est considérée comme une des plus belles rues du monde. Et la vue qu'on a depuis le Quaibrücke fait s'exclamer plus d'un touriste. En l'absence de hautes montagnes qui leur soient propres, les gens de Zurich ont adopté toutes celles qui sont à portée du regard, en dépit de voisins qui ne tiennent pas à faire cadeau aux Zurichois de leur Säntis, de leur Tödi ou de leurs Mythen. Qu'ils se contentent donc de leur beau pays, qui va des douces ondulations au sud du Rhin jusqu'aux collines boisées de l'Oberland, lesquelles aboutissent aux flots bleus du lac de Zurich le long de ce que certains appellent la «Côte d'Or».

Sebbene molti sono gli stranieri che lo credono, Zurigo non è la capitale della Svizzera, come non lo è nemmeno Ginevra. Ma Zurigo è pur sempre la più grande città svizzera; la sua Bahnhofstrasse è famosa in tutto il mondo ed è giustamente reputata una delle più belle vie. Questa fama non è certamente dovuta solo alle molte banche che la costellano. Ma anche la vista che si gode dal Quaibrücke, sia guardando a settentrione, verso la città, sia guardando a meridione, verso il lago e le Alpi, non manca di strappare esclamazioni di ammirazione ai numerosi turisti che la visitano annualmente. Non avendo alte montagne alle porte della loro città, gli Zurigani hanno approfittato di quel fantastico scenario che la natura ha creato sullo sfondo. Ma Zurigo ha anche sue proprie bellezze naturali, dalla dolce regione a Sud del Reno, fino alle colline boscose dell'Oberland, dalla «Costa d'Oro» che scende in curve delicate fino al lago azzurro.

Zurich is no more the capital of Switzerland than Geneva, in spite of the belief to the contrary held by innumerable foreigners. But Zurich is the largest town in Switzerland and its Bahnhofstrasse—famous not only because of the banks—numbers among the most beautiful streets in the world. The views from the Quay Bridge towards the north, and lake- and mountainwards to the south are also responsible for much 'oohing!' and 'ahing!' on the part of the visitors. In the absence of anything worth calling a high mountain of their own, the people of Zurich have simply claimed all those in sight as their domestic mountains, much to the chagrin of their neighbours who are not in the least willing to share their Säntis, Tödi or Mythen with the Zurich folk—let them content themselves with their own beautiful country, sloping attractively as it does from the gentle plain south of the Rhine to the wooded hills of the Oberland—the 'Gold Coast' of the Lake of Zurich.

Zürich

1351

☐ 1729 km²
🏠 1131484
○ Zürich
🛈 Deutsch
〰. Töss
〰 Zürichsee
▲ Schnebelhorn 1293 m
🏛 Albispass 791 m
✳ Uetliberg
🏛 Sammlung Oskar Reinhart, Winterthur
♫ Schauspielhaus, Zürich
m⟩ Züspa, Zürich (Sept./Okt.)
🏭 Maschinen
🍴 Züri-Gschnätzlets
🎴 Züri-Tirggel
🍷 Sternhalder
🍷 Schiterberger
🛶 Huldrych Zwingli (16. Jh.)

◁ *Regensberg*
▷ *Zürich*

Während Uri, seit es in die Geschichte der Eidgenossenschaft eintrat, dank der Verbindung über und später durch den Gotthard immer am pulsierenden Strom zwischen Nord und Süd lag, ist das topographisch ähnlich gelagerte Glarnerland von diesem Verkehr abgeschnitten. Ganz hinten im Tal erhebt sich blendend weiss der Tödi. Wer hier hinten in Braunwald, wo kein Auto hinkommt, im Sommer Ruhe und im Winter Skifreuden sucht, der muss das enge Tal durchdringen, an den steilen Felswänden des Glärnisch vorbei, der eher drohend als beschützend den Kantonshauptort bewacht. Alte Fabriken erinnern daran, dass Glarus schon früh der einst höchstindustrialisierte Kanton der Schweiz war. Das Land des Schabziegers ist kein Land der Hirten. Auch heute ist der Grossteil der Bevölkerung in der Industrie tätig, wenn auch nicht mehr fast ausschliesslich in Weberei und Spinnerei.

Alors que, dès son entrée dans l'histoire de la Confédération, Uri s'est constamment trouvé sur une artère vitale entre le Nord et le Sud grâce au col puis au tunnel du Gotthard, la région glaronnaise, semblable par la topographie, reste à l'écart de ces échanges. Le haut de la vallée est couronné par le Tödi, étincelant de blancheur. Si l'on veut atteindre Braunwald, inaccessible aux voitures, pour y trouver le calme en été ou les plaisirs du ski en hiver, il faut suivre la vallée encaissée, le long des impressionnantes parois rocheuses du Glärnisch qui paraissent davantage menacer que protéger Glaris, le chef-lieu du canton. De vieilles fabriques rappellent que celui-ci a été le plus industrialisé de la Suisse. Le pays du Schabzieger (fromage aux herbes) n'est pas un pays de bergers. Aujourd'hui encore, une bonne partie de la population travaille dans l'industrie, même si tissage et filature y ont perdu leur monopole quasi exclusif.

Mentre Uri si è sempre trovato, fin dai tempi più remoti, a contatto del pulsante flusso del traffico passante per il San Gottardo, Glarona è sempre rimasto tagliato fuori dalle grandi vie delle genti. Sul fondo, dove termina la grande vallata, si erge il Tödi. Chi vuole recarsi a Braunwald, dove l'automobile non può arrivare, per godervi la tranquillita in estate e i piaceri dello sci in inverno, deve addentrarsi lungo la stretta valle, superando i rocciosi fianchi del Glärnisch, sentinella minacciosa di Glarona, la capitale del Cantone. Le vecchie fabbriche ricordano che vi fu un tempo, in cui Glarona era il Cantone maggiormente industrializzato della Svizzera. Malgrado che sia il paese dello Schabzieger, famoso e squisito formaggio, esso non è affatto spiccatamente agricolo. Ancora attualmente, la maggior parte della sua popolazione attiva lavora nell'industria, anche se questa non è più esclusivamente costituita da tessiture e filature, come lo era invece nel secolo scorso.

While Uri has always lain on the pulsing stream between north and south, thanks to the lines of communication over and, later on, through the Gotthard, Glarus, although topographically similarly situated, is cut off from this traffic. Mount Tödi, gleaming white, stands at the end of valley. Anyone seeking peace and quiet in summer or skiing in winter in a Braunwald inaccessible to vehicular traffic must penetrate the narrow valley along the steep rock walls of the Glärnisch which stands guard more menacingly than protectively over the main town. Old factories remind one that Glarus was the most highly industrialized canton in Switzerland very early on. The countryside that produces the famous little Schabzieger cheeses is not a dairyfarming region. The majority of the population is still engaged in industry, even if no longer exclusively in weaving and spinning.

□ 684 km²
🐑 36 580
○ Glarus
♦ Deutsch
〜 Linth
〜 Walensee
▲ Tödi 3614 m
🏛 Kerenzerberg 743 m
✳ Braunwald
🏛 Museum des Landes Glarus im Freulerpalast, Näfels
🍮 Schabzieger
🍴 Chalberwürscht
⊞ Glarner Pastete
🍄 Burgwegler (rar!)
🍄 Burgwegler (rar!)
✎ Ägidius Tschudi (16. Jh.)

◁ *Elm,*
Tschinglenhörner

Dass 1315 hier am lieblichen stillen Aegerisee die erste Schlacht der Eidgenossen gegen die Habsburger geschlagen wurde, kann man sich kaum vorstellen. Wer heute hieher kommt, sucht nicht Streit, sondern Erholung, Ruhe und inneren Frieden. Auf der anderen Seite des Zugerberges liegt der Zugersee, der einen grossen Teil des ohnehin schon raren Kantonsgebietes für sich beansprucht. An seinem Ufer liegt der Kantonshauptort Zug mit der schmucken Altstadt. Wer von diesem paradiesischen Gestade wieder landeinwärts wandert, der sieht sich bald einmal in der Hölle. Doch keine Angst – die Höllgrotten im Lorzentobel sind Tropfsteinhöhlen, die man füglich zu den «sieben Weltwundern» der Schweiz zählen darf.

On a peine à imaginer qu'en 1315, c'est au bord du charmant petit lac d'Aegeri qu'a eu lieu la première bataille des Confédérés contre les Habsbourg. Aujourd'hui, on n'y vient pas pour chercher querelle, mais pour trouver calme, détente et paix de l'âme. Au-delà du Zugerberg se trouve le lac de Zoug, qui occupe une bonne partie du canton, déjà fort exigu. Au bord du lac, Zoug, le chef-lieu avec sa vieille ville pimpante. Qui tourne le dos à ce rivage paradisiaque se retrouve bientôt en enfer. Mais n'ayez crainte – les «grottes de l'enfer» du Lorzentobel sont des grottes de stalactites que l'on compte à bon droit parmi les «sept merveilles» de la Suisse.

Che qui, nel remoto 1315, sulle rive dell'ameno e tranquillo lago di Aegeri fu combattuta la prima battaglia fra i Confederati e gli Asburgo, sembra oggi quasi impossibile. Infatti, chi oggi viene qui è in cerca di riposo, non di feroci combattimenti. Pace e tranquillità regnano ovunque. Ai piedi del Zugerberg occhieggia il lago di Zugo, che occupa una gran parte del piccolo Cantone. Sulle sue sponde si trova Zugo, la capitale, con la sua graziosa e caratteristica città vecchia. Ma chi lascia le affollate vie del centro e si dirige verso la campagna circostante, può anche arrischiare di trovarsi… all'inferno. Ma nessuna paura: si tratta semplicemente delle «Höllgrotten» o Grotte dell'Inferno nella gola della Lorze, piene di stalagmiti e stalattiti dalle forme più svariate e fantastiche, si da contare fra le «sette meraviglie della Svizzera».

It is difficult to conceive today that the first battle between the Confederates and the Habsburgs took place here, on the shores of the charming and peaceful little Lake of Aegeri—the Battle of Morgarten in 1315. People coming here today seek relaxation, peace and quiet, not conflict. On the other side of the Zugerberg lies the Lake of Zug that occupies a large part of the cantonal territory which, in any case, is in short supply. On its shores lies the main town of Zug with its particularly attractive old quarter. Anyone leaving these heavenly shores to journey inland soon finds himself in hell, although the 'Höllgrotten' or Hell Caves in Lorzentobel are nothing more frightening than dramatically beautiful grottoes with many stalactites and stalagmites which indubitably qualify as one of the 'Seven Wonders of Switzerland'.

Zug

1352

- ☐ 239 km²
- 🏠 81 634
- ◯ Zug
- 🚹 Deutsch
- 〰️ Lorze
- 〰️ Zugersee
- ▲ Wildspitz 1580 m
- ✳️ Zugerberg
- Ä Kolinplatz, Zug
- 🎵 Burgbach-Kellertheater, Zug
- **m〉** Stierenmarkt, Zug
- 🧺 Waschmaschinen
- 🍽️ Zuger Rötel
- ⊞ Zuger Kirschtorte
- ⮞ Philipp Etter (20. Jh.)

◁ *Am Aegerisee*
▷ *Zug, Burg*

Bern ist ein vielseitiger Kanton, der wie ein Riegel zwischen Ost und West sich quer fast durch die ganze Schweiz legt. Im letzten Jahrhundert waren es die Engländer, die von Interlaken aus das Berner Oberland als Touristengebiet entdeckten. Eiger, Mönch und Jungfrau wurden zuerst von ihnen besungen. Die Aare, aus der engen Schlucht hervorbrechend, fliesst durch den Brienzer- und den Thunersee, durch die gemütliche Zähringerstadt Bern, Kantons- und Landeshauptstadt, und wurde von Menschenhand in den Bielersee geleitet, an dessen Nordufer ob Twann und Ligerz ein herrlich mundender Wein wächst. Der nördliche Teil stösst heute an den Kanton Jura, der sich erst neulich seine Selbständigkeit erkämpft hat und dem ehemaligen Mutterland immer noch einige französischsprachige Teile streitig macht.

Berne est un canton très divers, qui traverse presque toute la Suisse comme une barre séparant l'Est de l'Ouest. Au siècle passé, ce sont les Anglais qui ont découvert la région touristique du Berner Oberland à partir d'Interlaken. Ils ont été les premiers à célébrer Eiger, Mönch et Jungfrau. L'Aar jaillit d'une gorge étroite pour traverser les lacs de Brienz et de Thoune, Berne – la bonne ville des Zähringen, chef-lieu du canton et capitale du pays –, puis est canalisée par l'intervention humaine sur le lac de Bienne, dont la rive nord, au-dessus de Douane et Gléresse, produit un vin délicieux. Le canton est maintenant limité au nord par celui du Jura, qui a récemment obtenu son indépendance et qui dispute encore certaines zones francophones à l'ancien canton.

Berna giace quasi come un chiavistello da oriente a ponente attraverso gran parte del territorio svizzero. Furono gli Inglesi, nel secol scorso, che scoprirono le bellezze dell'Oberland bernese. Essi cantarono per primi la magnificenza dell'Eiger, del Mönch e della Jungfrau. L'Aare, prorompendo con violenza da una stretta gola, scorre poi fino ad attraversare il lago di Brienz e poi quello di Thun, per poi bagnare l'accogliente capitale Berna, città degli Zähringer, che è anche capitale della Svizzera. Lasciata Berna, l'Aare, diretto e guidato ora dalla mano dell'uomo, si riversa nel lago di Bienne. Sulla riva settentrionale di questo, sopra le ridenti località di Twann e Ligerz, si produce un vino veramente eccellente. A Nord, il Cantone confina oggi con quello di recentissima costituzione, il Giura, che ha ottenuto combattendo la propria indipendenza.

Berne is a versatile canton which stretches almost the entire depth of Switzerland, dividing east from west. During the 19th century it was the English who, with Interlaken as their base, 'discovered' the Bernese Oberland and made it a popular tourist region. It was they who first sang the praises of Eiger, Mönch and Jungfrau. The River Aare, springing from the narrow Aare Gorge, flows through the Lakes of Brienz and Thun, on to the friendly town of Berne, federal and cantonal capital, built and named by the Dukes of Zaehringen, whence it was channelled by human agency into the Lake of Bienne upon the northern shore of which, above Twann and Ligerz, a delightful white wine is produced. Today the northern part of the Canton is contiguous with Canton Jura which has only recently obtained its independence and is still disputing several French-speaking areas with the parent Canton.

□ 6049 km²

🐾 925 463

○ Bern

🏳 Deutsch
  Französisch

≈ Aare

≈ Thunersee

▲ Finsteraarhorn
  4274 m

🏛 Susten 2224 m

✳ Jungfraujoch

🎭 Ballenberg, Brienz

♫ Atelier-Theater,
  Bern

m⟩ BEA, Bern (Mai)

🧀 Emmentaler Käse

🍽 Berner Platte

⊞ Berner Haselnuss-
  Lebkuchen

🍷 Schafiser

🍷 «Fürstbischof
  von Basel»

📖 Jeremias Gotthelf
  (19. Jh.)

◁ *Bern*
▷ *Bei Riggisberg, Eiger,
Mönch, Jungfrau*
▷▷ *Bielersee, bei Ligerz,
St. Petersinsel*

Wer über die Saane geht, kommt vom deutschen ins französische Sprachgebiet. Die Sprachgrenze geht mitten durch die alte Zähringerstadt Freiburg oder eben Fribourg. Der Liebhaber mittelalterlicher Orte, Schlösser, Kirchen, Klöster, kommt hier voll auf seine Rechnung. Gegenüber dem sanften Mont Vully thront am südlichen Ufer des Murtensees das einzigartige Städtchen Murten mit seinen Lauben, Türmen und Mauern. Ein Sonnenuntergang, vom Seeufer aus erlebt, ist unvergesslich. Auch Greyerz am Fusse des Moléson ist ein solches Bijou. Hier kann man erst noch sehen – wenn einem nicht zu viele Touristen die Sicht verdecken –, wie der Greyerzer Käse entsteht, der mit dem Freiburger Vacherin zusammen ein so feines Fondue ergibt. Und wenn Sie in einer der alten Gaststätten eine Portion Erdbeeren mit Nidle bestellen – die Wirte hier lassen sich nicht lumpen!

Il suffit de traverser la Sarine d'est en ouest pour passer de l'allemand au français. La frontière linguistique passe juste à travers Fribourg, l'ancienne ville des Zähringen. L'amateur de vieilles pierres – châteaux, églises et couvents – y trouve son compte. Face à la ligne douce du mont Vully sur la rive sud du lac de Morat, voici l'extraordinaire petit bourg de Morat avec ses arcades, ses tours et ses remparts. Un coucher de soleil contemplé du bord de ce lac ne s'oublie pas. Gruyères, au pied du Moléson, est aussi un bijou unique en son genre. On peut y voir – si le flot des touristes ne bouche pas la vue – comment se fabrique le gruyère, que l'on combine au vacherin fribourgeois pour confectionner l'excellente fondue. Et si vous commandez une portion de fraises à la crème dans une des vieilles auberges de la région, vous verrez que l'aubergiste fait bien les choses!

Friborgo è un cantone bilingue e il confine linguistico è rappresentato dalla Sarine, che passa nel bel mezzo della capitale, antica città dei potenti Zähringer. Friborgo è costellato di cittadine, castelli, chiese e conventi di origine medievale. Adagiata mollemente sulla riva meridionale del lago che porta il suo nome, di fronte ai dolci pendii del Mont Vully, la cittadina di Morat, con i suoi portici, le sue torri e le mura che la circondano, è una piccola perla. Un tramonto visto dalle rive del suo lago è un'esperienza indimenticabile. Un altro gioiello di questo genere è la cittadina di Gruyères, ai piedi del Moléson. Quassù, sempre che i moltissimi turisti non lo impediscano, si può ancora vedere e toccare la produzione del Gruviera, il famoso formaggio della regione. Assieme al Vacherin friburghese, esso serve alla preparazione di un'eccellente fondue.

When you cross the River Saane you pass from the German- to the French-speaking part of Switzerland. The language frontier cuts straight through the old Zaehringen city of Fribourg or Freiburg. The connoisseur of mediaeval towns, castles, churches and monasteries will get his money's worth here. Against the delightful backdrop of Mont Vully the little town of Murten is enthroned on the southern shore of the Lake of the same name. This little place is sheer delight with its arcades, towers and town walls. Gruyères (or Greyerz) at the foot of the Moléson is another of these jewels. Here you can even see gruyère cheese in the making if there aren't too many tourists blocking the view. Mixed with vacherin, another Fribourg cheese, gruyère provides an excellent fondu. And if you order a portion of strawberries and cream in one of the many old inns, you will see that the innkeepers come down handsomely!

Fribourg

1481

- ☐ 1670 km²
- ⚭ 194 645
- ○ Fribourg
- ▯ Französisch Deutsch
- 〰 Saane
- 〰 Murtensee
- ▲ Vanil Noir 2389 m
- ✳ Greyerz
- ♜ Panorama von der Route des Alpes, Fribourg
- ♫ Theater am Stalden
- ♙ Greyerzer Käse
- ⦿| Potée fribourgeoise
- ⊞ Moutarde de Bénichon
- ♀ Vully
- ♀ Vully
- ⌒ Jean-Baptiste Girard, gen. Père Grégoire (18./19. Jh.)

◁ Freiburg
▷ Gruyères

39

Der Kanton Solothurn besitzt, wenn man ihn auf der Landkarte betrachtet, eine bizarre Gestalt. Wie ein Polyp klammert er sich mit seinen Armen in den Nachbarkantonen fest. Solothurns malerische Altstadt an der Aare schliesst in ihren Mauern Gassen und Plätze voll gemütlicher Atmosphäre ein, und wenn die Sonne auf die breite Treppe der St.-Ursen-Kirche scheint, fühlt man sich beinah nach Paris zur Sacré-Cœur oder nach Rom zur Spanischen Treppe versetzt. Der Kanton geniesst die Vorzüge einer lieblichen Aarelandschaft, in der sich – bei Altreu – sogar die Störche wieder heimisch fühlen, und des Juras mit seinen zerklüfteten Felsen und Klusen, der im Herbst an Farbenpracht nicht zu überbieten ist.

Vu sur la carte, le canton de Soleure a une forme bizarre. Comme un polype, il lance des tentacules dans les cantons voisins. Au bord de l'Aar, la vieille ville pittoresque de Soleure abrite dans ses murs des ruelles et des places pleines d'ambiance, et lorsque le soleil brille sur le large escalier de l'église St-Ursen, on se croirait presque au Sacré-Cœur de Paris ou à Rome. Ce canton est marqué par le riant paysage de l'Aar, où même les cigognes – près d'Altreu – se sentent à nouveau chez elles, et par le Jura avec ses rochers déchiquetés et ses cluses, où la forêt prend des couleurs d'une somptuosité sans égale en automne.

Visto sulla carta geografica, il Canton Soletta ha una forma perlomeno bizzarra. Esso sembra infatti aggrapparsi come una piovra con i suoi tentacoli ai Cantoni vicini. Il pittoresco centro storico di Soletta racchiude entro le sue vecchie mura, viuzze e piazzette piene di un'atmosfera piacevole ed accogliente. Quando poi il sole illumina la scalinata della chiesa di Sant'Orso, ci si sente quasi trasportati sul Sacré-Cœur di Parigi o sulla scalinata di Piazza di Spagna a Roma. Il Cantone gode dei vantaggi che gli provengono dall'ameno paesaggio dell'Aare, nel quale, vicino al paese di Altreu, si trovano a loro agio anche le cicogne, e del Giura, con le sue rocce scoscese e le sue gole, i cui colori autunnali sono assolutamente unici nella loro ricchezza e intensità.

If you look at the map you will see that the Canton of Solothurn has a bizarre shape. It hangs on to its neighbours like an octopus. The walls of the picturesque old town of Solothurn on the River Aare enclose little streets and squares full of a charming atmosphere and when the sun shines on the broad steps of St. Ursen Church one might just as easily be at Sacré Cœur in Paris or on the Spanish Steps in Rome. The Canton combines the advantages of an enchanting Aare landscape—near Altreu even the storks feel at home again—with those of the Jura with its deep-cleft rocks and narrow passes whose autumn magnificence is unsurpassed.

Solothurn

1481

☐ 791 km²
🐏 219 458
○ Solothurn
🛈 Deutsch
〰️ Aare
▲ Hasenmatt 1445 m
🏛 Weissenstein 1284 m
✳️ Weissenstein
🏰 Stadt Solothurn
♫ Kleintheater Muttiturm, Solothurn
m〉 HESO, Solothurn (Sept./Okt.)
👠 Schuhe
🍽 Suure Mocke
🔲 Solothurner Kuchen
🌷 Dornacher
⚓ Niklaus Wengi (16. Jh.)

◁ *Solothurn*

So wie bei einer Festung die Toranlage der Mauer oft vorgelagert ist, scheint das «Tor zur Schweiz» fast schon ausserhalb der Schweiz zu liegen. Bei der Nennung von Basel denkt der Ausländer vielleicht nur an die bedeutende chemische Industrie, der Schweizer noch an den Rheinhafen, sicher aber an den «Morgestraich», den Auftakt zur Basler Fasnacht, der dem Zürcher Sechseläuten an Popularität Konkurrenz macht. Daher kommt vielleicht auch ein Teil der vielgenannten Animosität zwischen den Baslerbebbis und den Zürihegeln. Es gibt aber auch von den Baslern selber betonte Unterschiede zwischen den auf die Vergangenheit stolzen Grossbaslern auf der Schweizer Seite mit der vornehmen Altstadt, der über 500 Jahre alten Uni und dem Münster und den mehr proletarischen Kleinbaslern, Unterschiede, die auch dem Nicht-Basler nach Überschreiten des Rheins rasch auffallen.

Comme pour une place forte dont l'accès précède souvent l'enceinte, la «porte de la Suisse» paraît quasi se trouver à l'extérieur du pays. Lorsqu'on parle de Bâle, l'étranger ne pense peut-être qu'à son industrie chimique; le Suisse y ajoutera le port rhénan et bien entendu le «Morgestraich» – le carnaval de Bâle dont la popularité fait concurrence au «Sechseläuten» zurichois. D'où peut-être une partie de l'animosité souvent notée entre Bâlois et Zurichois. Mais les Bâlois eux-mêmes font remarquer les différences entre le Grand Bâle côté Suisse, fier de son passé et doté d'une élégante vieille ville, d'une université cinq fois centenaire et du Münster, et le Petit Bâle à caractère plus prolétaire, différences que l'étranger ne manque pas d'observer dès qu'il a passé le Rhin.

Allo stesso modo che il barbacane di una fortezza si erge in posizione avanzata rispetto all'opera principale, sembra quasi che quella che vien chiamata «la porta della Svizzera» abbia lo stesso compito, situata com'è quasi al di fuori del Paese. Quando sente il nome di Basilea, lo straniero può forse pensare alle grandi industrie chimiche. Lo Svizzero, invece, forse si ricorderà il porto sul Reno, ma penserà di certo al celebre «Morgestraich» che segnala l'inizio del Carnevale basilese, degno concorrente dell'altrettanto popolare «Sechseläuten» di Zurigo. Una parte del campanilismo fra le due città svizzere è sicuramente dovuta a queste due manifestazioni. Ma ai Basilesi stessi piace far notare le differenze che esistono fra i «Grossbasler», cioè gli abitanti della riva «svizzera», orgogliosi della loro città vecchia, della loro Università vecchia di oltre 500 anni e della loro cattedrale, e i «Kleinbasler», cioè gli abitanti dell'«altra riva».

Just as the gatehouse of a fortress often projects in front of the walls, the 'Gateway to Switzerland' seems to be almost outside the country. When Basle is mentioned foreigners think first perhaps of the great chemical industry while, for the Swiss, it will invoke visions of the Rhine harbour; certainly it will recall the Basle 'Fasnacht' and its 'Morgestraich', the 4 o'clock-in-the-morning, pipe-and-drum prelude to the carnival which competes so hotly with Zurich's 'Sechseläuten' for the greatest popularity. This perhaps explains the much-discussed animosity between the 'Bebbis' of Basle and the 'Zürihegel'. But there are marked differences among the people of Basle themselves as well, with the 'Grossbasler', so proud of their past, on the Swiss side of the Rhine with its elegant old quarter, the 500-year-old University and the Cathedral on the one hand and the more proletarian 'Kleinbasler' on the other.

Basel-Stadt

1501

☐ 37 km²
⚭ 194 340
○ Basel
🛈 Deutsch
≈. Rhein
✳ Zoologischer Garten
Ä Altstadt mit Münster
♫ Tabourettli
m⟩ MUBA (April)
⚕ Pharmaka
🍲 Mehlsuppe
⊞ Basler Leckerli
♟ Schlipfer (rar!)
⚓ Leonhard Euler (18. Jh.)

◁ *Rhein, Münster*

Im Jahre 1833 war das mehrheitlich bäuerliche Basel-Land von der mächtigen Handelsstadt Basel offiziell abgetrennt worden, nachdem es in den zwei vorausgegangenen Jahren zu bewaffneten Auseinandersetzungen gekommen war. Zu gross waren die Gegensätze gewesen und zu wenig hatte sich die Stadt um die Belange des abgelegenen Hinterlandes gekümmert. In den engen Tälern siedelten sich Handwerk und Kleinindustrie an, die noch heute um ihre Existenz oft hart kämpfen müssen, während die Gebiete am Rhein blühenden Grossbetrieben Platz boten. Noch heute aber kann man über den felsigen Abstürzen des Juras Stellen finden, von wo aus man kilometerweit über die dunkelgrün bewaldeten Hügel blickt, ohne auch nur die Spur einer menschlichen Behausung zu erspähen.

C'est en 1833 que la région essentiellement paysanne de Bâle-Campagne s'est officiellement séparée de la puissante ville commerciale de Bâle après deux ans de conflit armé. Les divergences étaient trop profondes et la ville s'était trop peu soucié des intérêts de l'arrière-pays. Artisanat et petite industrie se sont établis dans les vallées étroites; aujourd'hui encore, ils doivent souvent lutter durement pour survivre, alors que de la place s'offrait le long du Rhin aux grandes entreprises florissantes. Par contre, les à-pic rocheux du Jura comportent des endroits d'où l'on peut contempler des kilomètres de collines habillées de vert sombre et dépourvues de toute trace d'habitation humaine.

La separazione ufficiale fra Basilea-Campagna, regione a carattere prevalentemente rurale e agricolo, e Basilea-Città, il potente centro commerciale sul Reno, avvenne nel 1833, dopo due anni di conflitti armati fra le due regioni. I contrasti e le divergenze erano troppo grandi e troppo poco era l'interesse dimostrato dalla città per le questioni concernenti la campagna. Nelle strette vallate si insediarono l'artigianato e la piccola industria, che ancora oggi devono lottare duramente per poter sopravivere, mentre la regione affacciata sul Reno offriva ampio spazio per le grandi industrie. Ancora oggigiorno è però possibile trovare dei posti, in alto, al disopra dei dirupi del Giura, da dove si gode un'ampia vista sulle colline boscose che per chilometri e chilometri non recano traccia alcuna di abitazioni umane.

In 1833 the mainly agricultural Basel-Land was officially separated from the mighty commercial city of Basle following the armed combat that had taken place during the two preceding years. The differences were too great and the town had paid too little attention to the affairs of the isolated hinterland. Exponents of the crafts and light industry have established themselves in the narrow valleys where, even today, they have to fight hard to survive, and larger factories flourish on the banks of the Rhine. But there are still corners to be found in the rocky débris of the Jura whence it is possible to look out over kilometres of dark green wooded hills without seeing a trace of human habitation.

Basel-Land

1501

☐ 428 km²
🌳 225 836
○ Liestal
🛉 Deutsch
🌊 Ergolz
▲ Passwang 1205 m
🏛 Oberer Hauenstein 731 m
✳ Bölchenfluh
Ä Augusta Raurica
𝕸 Baselbieter Kirsch
🍴 Kalbslümmeli
🧇 Baselbieter Rahmtäfeli
🍷 Muttenzer
🍷 Kluser
🖎 Carl Spitteler (20. Jh.)

◁ *Maisprach*

47

Schaffhausen ist der einzige Kanton, der ganz auf der rechten Seite des Rheins liegt und sich – wie zwei Teilchen eines Puzzles – in deutschem Gebiet festhakt. Das erste Teilchen am Lauf des Stromes, der eben erst den Bodensee oder besser: den Untersee verlassen hat, ist die Exklave, zu der das malerische Städtchen Stein am Rhein gehört. Nachdem der Fluss Schaffhausen mit seinem Wahrzeichen, dem Munot, und die Fabriken der Schwer- und Waffenindustrie passiert hat, stürzt er sich mit gewaltigem Krachen über die Felsen und bildet das vielleicht imposanteste Naturwunder Mitteleuropas. So laut das Tosen des Rheinfalls, so ruhig und sanft ist das leicht gewellte weite Land im Nordosten, wo zwischen Wilchingen und Schleitheim – «Schlaate» heisst der Ort in der «Landessprache» – ein vortrefflicher Wein wächst.

Schaffhouse est le seul canton entièrement situé sur la droite du Rhin; il s'insère dans le territoire allemand tel deux pièces d'un puzzle. La première pièce, le long du fleuve qui sort du lac de Constance (ou plus précisément de l'Untersee), forme l'enclave où se trouve la pittoresque petite ville de Stein am Rhein. Après avoir passé Schaffhouse et le Munot qui en constitue le symbole ainsi que les usines d'industrie lourde et d'armements, le Rhin plonge par-dessus les rochers dans un bruit de tonnerre, offrant là ce qui est peut-être le phénomène naturel le plus imposant de l'Europe centrale. La vacarme des chutes du Rhin fait contraste avec le calme et la douceur du pays légèrement ondulé du nordouest, qui produit un vin fort apprécié entre Wilchingen et Schleitheim («Schlaate» dans la «langue du pays»).

Sciaffusa è l'unico Cantone svizzero situato per intero sulla riva destra del Reno, agganciato al territorio della Germania federale in due pezzi staccati: il primo, direttamente affacciato sul Reno appena uscito dal Bodanico, o più esattamente dal Lago Inferiore (l'Untersee), del quale fa parte la pittoresca cittadina di Stein am Rhein. Dopo che il fiume ha lasciato Sciaffusa con il Munot, la caratteristica torre, ed è passato davanti agli stabilimenti dell'industria pesante e delle armi, esso si precipita con fragore immenso sulle rocce sottostanti, creando quella che è forse la più imponente meraviglia della natura nell'Europa centrale. Ma se la cascata del Reno è fragorosa, altrettanto tranquilla e dolce è la campagna dolcemente ondulata nel settentrione, dove si produce un vino veramente squisito.

Schaffhausen is the only canton lying entirely on the right-hand side of the Rhine, firmly hooked into German territory like the piece of a puzzle. The first bit, along the banks of the river that has just left Lake Constance (called at this point the Untersee or Lower Lake) is the exclave in which is situated the picturesque village of Stein am Rhine. When the river has passed Schaffhausen with its 'trademark', the Munot, and the factories of the heavy and armaments industry, it flings itself with noisy violence over the rocks, forming what is probably the most spectacular natural wonder in Central Europe. The thunder of the Rhine Falls is as loud as the broad, rolling countryside to the north-east is gentle. Here, between Wilchingen and Schleitheim—'Schlaate' in the local dialect—an excellent wine is produced.

Schaffhausen

1501

- ☐ 298 km²
- ⌂ 69 718
- ○ Schaffhausen
- ⚑ Deutsch
- 〰 Rhein
- ▲ Schlossranden 901 m
- ✳ Rheinfall
- ♯ St. Georgen, Stein am Rhein
- ♫ Kellertheater «Fass», Schaffhausen
- **m>** Schaffhauser Herbstmesse (Okt./Nov.)
- ⚒ Giesserei-Produkte
- ¡O¡ Rhein-Äschen
- ⊞ Schaffhuuser Züngli
- ♟ Mohrenkönig Weissherbst
- ♟ Wilchinger Beerliwein
- ⚒ Johannes von Müller (19. Jh.)

◁ *Stein am Rhein*
▷ *Rheinfall*

49

Der Kanton Appenzell sei ein Fünfliber in einem Kuhfladen, sagen die Appenzeller, denn das Land Appenzell wird rundum vom Kanton St. Gallen eingeschlossen. In den schönsten Gipfel der Nordostschweiz, den Säntis, müssen sich die Ausserrhödler mit ihren innerrhodischen Nachbarn und den St. Gallern teilen. Immerhin gehört der imposanteste Anblick, der von der Schwägalp aus, ihnen. Ihr Kanton wird bei Teufen zwischen der Stadt St. Gallen und dem Kanton Innerrhoden beinahe abgeschnürt. Damit beide Teile ihre Landsgemeinde haben, findet diese in den geraden Jahren im vorderen Trogen und in den ungeraden im hinteren Hundwil statt. Ihr bekanntester Volksbrauch ist das Sylvesterklausen, vor allem in Urnäsch, aber auch in Herisau.

Le canton d'Appenzell est une pièce de cent sous dans une bouse de vache disent les Appenzellois, car le pays d'Appenzell est complètement entouré par le canton de St-Gall. Les gens des Rhodes-Extérieures sont amenés à partager le plus beau sommet du nord-ouest de la Suisse – le Säntis – avec leurs voisins des Rhodes-Intérieures et avec les Saint-Gallois. Mais la vue la plus imposante, depuis la Schwägalp, leur appartient. Au niveau de Teufen, leur canton est presque coupé en deux entre la ville de St-Gall et Appenzell Rhodes-Intérieures. Pour que les deux parties aient leur «Landsgemeinde», celle-ci a lieu les années paires à Trogen et les années impaires à Hundwil. La plus connue de leurs coutumes populaires, surtout à Urnäsch mais aussi à Herisau, est le «Sylvesterklausen».

Gli abitanti di questo semicantone lo paragonano a una moneta da 5 franchi che si trova nel mezzo di uno sterco di vacca, per il fatto che Appenzello è completamente circondato dal cantone di San Gallo. Anche il Säntis, la più bella vetta della Svizzera nordorientale non appartiene tutta a loro: anzi, se la devono dividere con i sangallesi e con i loro conterranei di Appenzello interno. Hanno però la consolazione di possedere la Schwägalp, punto dal quale si gode il panorama più maestoso. Appenzello esterno viene quasi tagliato in due presso la località di Teufen: da una parte da San Gallo e dall'altra da Appenzello interno. Affinchè le due parti possano avere regolarmente la loro Landsgemeinde, questa vien tenuta a Trogen negli anni «pari» e a Hundwil in quelli «dispari». Uno degli usi più famosi di questi Appenzellesi è quello dei «Sylvesterklausen», che vien praticata specialmente a Urnäsch e a Herisau.

According to the local people, the Canton of Appenzell is like a '5-franc piece in a cow pat', for Appenzell is entirely surrounded by the Canton of St. Gallen. The people of Ausserrhoden are forced to share the most beautiful mountain in northern Switzerland, the Säntis, both with their neighbours of Innerrhoden and the people of St. Gallen. At least the most attractive view of it, seen from Schwägalp, is exclusively theirs. Ausserrhoden virtually reaches strangulation point near Teufen, where it narrows almost into non-existence between the town of St. Gallen and the Canton of Innerrhoden. To allow both parts to hold their 'Landsgemeinde', the traditional annual assembly of the citizens, this takes place in Trogen in even years and in Hundwil in odd ones. The best-known popular custom is the 'Sylvesterklausen', originally a pagan ritual for driving out evil spirits, celebrated above all in Urnäsch, but also in Herisau.

Appenzell Ausserrhoden

1513

▢ 243 km²
⚶ 49 342
○ Herisau
▮ Deutsch
≋ Urnäsch
▲ Säntis 2501 m
🏛 Schwägalp 1278 m
✳ Schaukäserei Stein
🏚 Brauchtum-Museum, Urnäsch
🎆 Kabel
⊦O⊦ «Södworscht» mit Kartoffelsalat
⊞ Biberfladen
⚲ Landsgmendwy
⚲ Wienachtswy
⚲ Laurenz Zellweger (18. Jh.)

◁ *Urnäsch*

53

Die katholischen Innerrhödler sind wie ihre ausserrhodischen Mitbürger ein eigenartiges, selbstbewusstes Völklein, mit viel Mutterwitz ausgestattet. Giften nennen sie's, wenn sie ihre eigenen Landsleute oder die lieben Miteidgenossen, die nahen St. Galler vor allem, aufs Korn nehmen. Ihre Landsgemeinde findet alljährlich im Kantonshauptort statt. Den Menschenschlag, den man sich landläufig unter dem Appenzeller vorstellt, das pfiffige Bäuerlein mit dem goldenen Ringlein im Ohrläppchen, der Tabakspfeife, dem Lindauerli, im Mund und dem Regenschirm unterm Arm, die Frauen in ihren kostbaren Trachten, findet man hier am Fusse des Alpsteins noch ausgeprägter als in Ausserrhoden. Ihre Musikalität beweisen sie in ihrer Streichmusik, einer Ländlermusik mit Hackbrettbegleitung, die nirgends sonst so zart und lüpfig ertönt.

Comme leurs concitoyens de l'autre demi-canton, les catholiques des Rhodes-Intérieures constituent une communauté bien spécifique, sûre d'elle et douée de bon sens. Ils aiment à se gausser d'eux-mêmes ou de leurs chers concitoyens et en particulier des Saint-gallois. Leurs «Landsgemeinde» a lieu chaque année au chef-lieu du canton. Celui qu'on considère généralement comme l'Appenzellois typique – le petit paysan finaud avec un anneau d'or dans le lobe de l'oreille, la pipe à la bouche et le parapluie sous le bras, les femmes dans leur précieux costume – est encore mieux représenté ici, au pied de l'Alpstein, que dans les Rhodes-Extérieures. Leur musicalité s'exprime au moyen d'instruments à cordes avec accompagnement de tympanon, une musique inégalable de douceur et de légèreté.

Come i loro conterranei del semicantone «esterno», anche gli abitanti dell'Appenzello interno costituiscono un popolo molto caratteristico e orgoglioso, dotato inoltre di uno spiccato e speciale senso dell'umorismo. La loro Landsgemeinde si svolge ogni anno nella capitale del Cantone. Qui, ai piedi dell'Alpstein, la classica figura dell'Appenzellese, contadino scaltro e arguto, con l'anellino d'oro nel lobo dell'orecchio, la tipica pipetta («Lindauerli» la chiamano loro) in bocca e l'ombrello sotto il braccio, mentre le donne indossano i ricchissimi e splendidi costumi tradizionali, questa classica figura, dicevamo, è ancora più spiccata che non nell'Appenzello esterno. Il loro senso musicale, poi, si esprime nella loro caratteristica musica popolare, accompagnata dallo «Hackbrett» o salterio, particolarmente dolce e vivace.

Like their co-citizens in Ausserrhoden, the catholic people of Innerrhoden are a unique, self-confident little race, endowed with a great sense of humour. They call it 'gifteln', which is as much as to say speaking with a venomous tongue, when they get the other confederates—or their own co-citizens, for that matter—in their line of fire. Their 'Landsgemeinde' takes place annually in the main town of the Canton. The type of people the other Swiss generally imagine the Appenzellers to be—the sprightly farmer with the little gold ring in his ear lobe, the Lindau pipe in his mouth and an umbrella under his arm; his womenfolk in their precious traditional costumes—are to be found here, at the foot of the Alpstein. Their string music—a type of folk music with washboard accompaniment—bears witness to their musicality since it sounds sweeter and more lively here than anywhere else in Switzerland.

Appenzell Innerrhoden

1513

☐ 172 km²
⚭ 13 137
○ Appenzell
🯅 Deutsch
≋ Sitter
▲ Säntis 2501 m
✳ Dorf Appenzell
🯅 Wildkirchli
🁢 Appenzeller Käse
🍴 Mostbröckli (Rauchfleisch)
▦ Gefüllte Biber
🍷 Chatzemösler (rar!)
🥄 Uli Rotach (14./15. Jh.)

◁ *Bei Steinegg, Oehrli*

Die reformierten Stadt-St.-Galler hören es nicht gern, wenn die übrigen Schweizer meinen, St. Gallen sei eine rein katholische Stadt. Sie hat sich während der Reformation unter ihrem Bürgermeister und Reformator Vadian vom Kloster, das im Mittelalter Mittelpunkt europäischer Kultur war, gelöst und bildete eine reformierte Enklave im katholischen Fürstenland, das vom Bodensee bis nach Wil reicht. Die Toggenburger ähneln in manchem den Appenzellern. Ihre Sennentrachten werden von Unkundigen oft verwechselt. Die Churfirsten, vielen nur als steil zum Walensee abfallende Felswände bekannt, sind auf der Toggenburger Seite ein ideales Skigebiet. Und Vorsicht: Rapperswil gehört nicht den Zürchern, ebensowenig wie Ragaz den Bündnern. Und das Kantonswappen hat nichts mit Faschismus zu tun. Das Liktorenbündel hält die 14 von Napoleon willkürlich zum Kanton gefügten Bezirke fest zusammen.

Les Saint-gallois n'aiment pas que les autres suisses croient, à tort, que St-Gall est une ville catholique. Durant la Réforme, ils ont suivi leur maire et réformateur Vadian et se sont détachés du couvent qui avait été un centre de culture européenne au moyen âge, formant ainsi une enclave réformée dans la principauté catholique qui allait du lac de Constance jusqu'à Wil. Les gens du Toggenbourg ont plus d'un point commun avec les Appenzellois. Les non initiés confondent souvent leurs costumes. Les Churfirsten, dont beaucoup ne connaissent que les faces tombant abruptement dans le Walensee, forment côté Toggenbourg une région idéale pour le ski. Et attention: Rapperswil est aussi peu zurichois que Ragaz n'est grison. Et les armoiries du canton n'ont rien à voir avec le fascisme. Le faisceau de licteur rassemble ses quatorze districts.

Molti credono che San Gallo sia una città del tutto cattolica, e dimenticano che, durante la Riforma e sotto la guida del loro borgomastro e riformatore Vadian, i sangallesi si staccarono dal Monastero, che durante il Medioevo fu uno dei centri della cultura occidentale, per formare un'isola protestante in una regione cattolica, il Fürstenland, che dal Bodanico arriva fino a Wil. In molte cose, gli abitanti del Toggenburgo assomigliano agli Appenzellesi. I versanti dei Churfirsten che guardano verso il Toggenburgo costituiscono delle regioni sciistiche ideali, mentre quelli che guardano sul lago di Walen sono estremamente scoscesi. E attenzione: Rapperswil non è affatto zurighese e Ragaz non appartiene ai Grigioni. Lo stemma cantonale, infine, contiene il fascio littorio, che tiene riuniti i 14 distretti del Cantone.

The people of St. Gallen are allergic to hearing their town described—mistakenly—by their confederates as a catholic city. During the Reformation, under the leadership of the mayor and reformer, Vadian, St. Gallen broke away from the monastery that was the centre of European culture throughout the Middle Ages and became a reformed enclave in the catholic principality that stretched from Lake Constance to Wil. The people of Toggenburg have a great deal in common with those of Appenzell. The uninitiated often find it difficult to tell their traditional costumes apart. The Churfirsten, known to many merely as a rocky wall falling steeply to Lake Walen, is an ideal skiing region on the Toggenburg side. And a word of warning—Rapperswil doesn't belong to Zurich any more than Ragaz belongs to Graubünden; nor does the cantonal coat-of-arms bear any relation to fascism—the fasces merely serves to hold the 14 districts in the Canton together.

St. Gallen

1803

- ☐ 2014 km²
- ⚶ 403 931
- ○ St. Gallen
- ▮ Deutsch
- ≈. Rhein
- ≋ Bodensee
- ▲ Ringelspitz 3247 m
- 🏛 Schwägalp 1278 m
- ✻ Knies Kinderzoo, Rapperswil
- 🅧 Stiftsbibliothek, St. Gallen
- ♫ St. Galler Puppentheater
- m⟩ Olma, St. Gallen (Oktober)
- 🧵 St. Galler Stickerei
- 🍽 St. Galler Schüblig mit Kartoffelsalat
- ▦ St. Galler Biber
- 🍷 Bernecker Riesling
- 🍷 Balgacher Schlossberg
- ⟋ Vadian (16. Jh.)

◁ St. Gallen
▷ Toggenburger Bauernhaus
▷▷ Werdenberg

Drei rätische Bünde waren es einst: der Gotteshausbund, der Graue Bund und der Zehngerichtebund – drei Sprachen werden hier gesprochen: Rätoromanisch, Deutsch und Italienisch. In drei verschiedene Meere fliesst das Gletscherwasser aus dem grössten Schweizer Kanton: in die Nordsee, ins Schwarze Meer und in die Adria. Zwei Quellen – über 30 km voneinander entfernt, beanspruchen für sich, Ursprung des Rheins zu sein. Touristen streiten sich, welcher Ausblick grandioser sei, der von Muottas Muragl auf die drei Oberengadiner Seen mit der Margna im Hintergrund oder der von der Alp Grüm auf die blendendweisse Berninagruppe und steil hinunter ins Puschlav. – Sie sind ein liebenswertes Volk, die wetterharten Bündner, die um die Erhaltung ihrer Eigenart und Sprache kämpfen.

Il y avait autrefois trois ligues grisonnes: Ligue de la Maison-Dieu, Ligue Grise et Ligue des Dix juridictions. On y parle trois langues: romanche, allemand et italien. L'eau des glaciers du plus grand canton suisse aboutit dans trois mers: la mer du Nord, la mer Noire et l'Adriatique. Deux sources – distantes de plus de trente kilomètres – prétendent donner naissance au Rhin. Il y a controverse entre les touristes en ce qui concerne la vue la plus grandiose – celle de Muottas Muragl sur les trois lacs de la Haute-Engadine ou celle d'Alp Grüm sur l'étincelant groupe de la Bernina et jusqu'au fond de la vallée de Poschiavo. – On ne peut que les aimer, ces Grisons endurcis qui luttent pour perpétuer leur spécificité et leur langue.

All'origine, le leghe erano tre: la Cadìa, la Grigia e la Lega delle Dieci giurisdizioni. Qui si parlano tre lingue diverse: il retoromancio, il tedesco e l'italiano. L'acqua proveniente dai ghiacciai del più grande Cantone svizzero fluisce in tre mari diversi: quello del Nord, nel Mar Nero e nell'Adriatico. Due sorgenti, lontane 30 km l'una dall'altra, si contendono il diritto di dare alla luce il Reno. I visitatori, invece, discutono quale vista panoramica sia la più grandiosa: quella da Muottas Muragl sui tre laghi engadinesi con la Margna sul fondo, oppure quella dall'Alp Grüm sul gruppo del Bernina, di un bianco accecante, e a picco sulla valle di Poschiavo. E' un popolo amabile, quello Grigionese, temprato dalle intemperie, che lotta sempre e ancora per la conservazione della loro indole e della lingua.

What is Graubünden was once three Rhaetian Leagues—the League of the House of God, the Grey League and the 'Zehngerichtebund' or League of the Ten Jurisdictions. Threee languages are spoken here—Rhaeto-Romanic, German and Italian. The glacier water flows into three different seas from the largest of Switzerland's cantons—into the North Sea, the Black Sea and the Adriatic. Two springs, 30 km apart, claim to be the source of the Rhine. The tourists are always debating which is the more impressive of the two views, the one from Muottas Muragl of the three Upper Engadine lakes with the Margna as a backdrop or the other, from Alp Grüm, of the dazzling white Bernina group with Puschlav far below. They are lovable people, these hardy folk of Graubünden who are still battling manfully to maintain their individuality and preserve their lovely, lilting language.

Graubünden

1803

☐ 7106 km²

🐑 166494

○ Chur

ℹ Deutsch
Rätoromanisch
Italienisch

〰 (Vorder-/Hinter-)
Rhein

〰 Silsersee

▲ Piz Bernina 4049 m

🏛 Umbrail 2501 m

✳ Engadin

♜ Kirche St. Martin,
Zillis

♫ Klibühni Schnider-
zunft, Chur

m〉 HIGA, Chur (Mai)

〰 Bündnerfleisch

🍴 Maluns

⊞ Engadiner Nusstorte

🍷 Jeninser
RieslingxSylvaner

🍷 Maienfelder

⛵ Jürg Jenatsch
(17. Jh.)

◁ *Via-Mala-Schlucht*
▷ *Serneus*
▷▷ *Silvaplanersee mit
Margna*

61

Grischun

Rätoromanisch

Ladinisch

Quai d'eiran üna jada trais lias: la Lia da la Chadè, la Lia Grischa e la Lia da las Desch Drettüras – trais linguas as tschantscha in quist pajais: rumantsch, tudais-ch e talian. In trais mars differents scula l'aua da vadret our dal plü grond chantun da la Svizra: aint il Mar dal nord, aint il Mar nair ed aint il Mar adriatic. Duos funtanas – distantas 30 km üna da tschella – as dispittan per esser la funtana dal Rain. Turists discutan quala chi saja la bellavista plü grondiusa, quelle da Muottas Muragl sü vers ils lais d'Engiadin'ota e'l Piz la Margna davovart, ò la vista davent d'Alp Grüm sün tschimas straglüschaintas dal massiv dal Bernina e giò stip aint illa Val Puschlav. – Quai es ün pövel simpatic, quist pövel grischun chi luotta per mantgnair seis caracter genuiun e sias linguas.

Surselvisch

Treis ligias eis ei stau antruras: la Ligia dalla casa da Diu, la Ligia Grischa e la Ligia dallas Diesch Dertgiras – ins discuora treis lungatgs: retoromontsch, tudestg e talian. Las auas giud ils glatschers neu dil pli grond cantun svizzer sbuccan en treis mars differentas: en la Mar dil Nord, en la Mar nera ed ell'Adria. Duas fontaunas – passa trenta kilometers distanza ina da l'autra – pretendan omisduas dad esser igl origin dil Rein. Ils turists sedispetan tgei vesta seigi la biala, quella da Muottas Muragl anora viers ils treis lags dalla Giadina aulta cun la Margna davostier u lezza da l'Alp Grüm ensiviars ils sumfils mur alvs dil Bernina epi anetgamein giu encunter il Puschlav. – Ils Retoromans ein in pievel amabel e bufatg, quels Grischuns endiri che fan da puder cun lur atgnadad e lur tschontscha.

Surmeirisch

Gl'era eneda treis leias reticas: la Leia dalla Tgade, la Leia grischa e la Leia dallas Diesch Dartgeiras – cò vignan discurrias treis lungatgs: rumantsch, tudestg e taliang. L'ava digls glatschers, derivonta digl pi grond cantung svizzer, sbucca ainten treis mars differentas: ainten la Mar digl nord, la Mar neira ed ainten l'Adria. Dus funtangas, distantas 30 kilometers l'egna da l'otra, pretendan d'esser igl origen digl Ragn. Turists sa gattegnan tar la dumonda quala vista seia pi grondiusa, quella da Muottas Muragl giu segls treis lais da Nagiadegna'ota cun igl Piz la Margna segl fons, u forsa la vista tg'ins giolda dall'Alp Grüm d'ena vart sen l'alva gruppa targlischonta digl Bernina e da l'otra vart sen las ertas spondas giu cunter Puschlav. En pievel propi curtaschevel quels Grischuns: andirias da tampestas e maloras battan els pigl mantignimaint da lour atgnadad e lour lungatg.

«Den Aargauer» gebe es nicht, behaupten die Aargauer. Der Aargau ist kein homogen gewachsener Kanton. Der Osten um Baden, mehr Zürich als dem Kantonshauptort Aarau zugewandt, gibt sich weltmännisch und lebensfroh, das Fricktal, durch die Jurakette auf die Nordseite zum Rhein abgedrängt, fühlt sich oft vernachlässigt und das Freiamt der katholischen Innerschweiz verwandt. Doch Aarau bemüht sich, es allen recht zu machen. Ein Glück, dass die Aargauer im Grunde ein friedliches, gemütswarmes Volk sind. Vielleicht hat sie die Landschaft so geprägt. Sei es im kirschblütenprangenden Fricktal, an den ruhig dahinfliessenden grossen Flüssen Aare, Rhein, Limmat und Reuss, sei es am Gestade des Hallwilersees oder irgendwo dazwischen, überall atmet die Landschaft etwas von heimatlicher Scholle und friedlicher Geborgenheit.

«L'Argovien, n'existe pas» prétendent les Argoviens. Ce canton n'est pas homogène. A l'est, du côté de Baden, davantage tournée vers Zurich que vers le chef-lieu Aarau, on fait étalage d'aisance mondaine et d'enjouement, tandis que le Fricktal – que la chaîne du Jura refoule vers le nord en direction du Rhin – se sent souvent négligé et le Freiamt s'apparente plutôt à la Suisse centrale catholique. Aarau s'efforce pourtant de rendre justice à chacun. Les Argoviens forment par bonheur une population pacifique et d'un naturel heureux; c'est peut-être leur paysage qui les a ainsi marqué. Que ce soit dans le Fricktal où éclate la splendeur des cerisiers en fleurs, le long des grands cours d'eau – Aar, Rhin, Limmat et Reuss – ou sur le rivage du lac de Hallwil, ce pays respire en tout lieu le bonheur d'un terroir paisible.

Gli abitanti del Cantone Argovia sostengono che l'«Argoviese» non esiste. Infatti, il loro non è un Cantone molto omogeneo. La sua parte orientale, attorno a Baden, è più rivolta verso Zurigo che verso Aarau, la capitale del Cantone, il Fricktal, al piede settentrionale della catena del Giura, che lo separa dal resto del Cantone, si sente spesso dimenticato, mentre il Freiamt, da parte sua, si sente più portato verso la Svizzera centrale, anch'essa di religione cattolica. Ma il Governo cantonale di Aarau si sforza di rendere giustizia e di accontentare tutti. Per fortuna, gli Argoviesi sono un popolo pacifico e pieno di cuore. Forse, questo loro carattere è stato determinato dal paesaggio che li circonda. Nel Fricktal, che i ciliegi in fiore colorano di rosa, sulle sponde amene dei grandi fiumi Aare, Reno, Limmat e Reuss, sulle rive del lago di Hallwil e in ogni angolo del Cantone, il paesaggio diffonde pace e tranquillità.

There are no such people as 'the people of Aargau' say those who live there. Aargau is not a homogeneously constructed canton. The eastern part, around Baden, oriented more towards Zurich than towards the main town of Aarau, is worldly and cheerful; the Frick Valley, pushed northwards towards the Rhine by the Jura Mountains, often feels neglected and the Freiamt regards the catholic interior of Switzerland as a closer relation. But Aarau tries hard to please all the people all the time and it is a blessing that Aargau folk are, at bottom, peace-loving and warm-hearted. Perhaps the local countryside is responsible for their pleasing disposition. Be it in cherry-blossom bedecked Fricktal, along the great, quietly-flowing rivers, Aare, Rhine, Limmat and Reuss, on the shores of the Lake of Hallwil or elsewhere in this lovely Canton, the landscape holds the unfailing promise of the quiet security that lies in one's native soil.

Aargau

1803

☐ 1405 km²
⚶ 472 685
○ Aarau
▌ Deutsch
🌊 Rhein
🌊 Hallwilersee
▲ Geissfluegrat 908 m
🏛 Saalhöhe 779 m
✳ Hallwilersee
🗡 Klosterkirche Königsfelden
♬ Claque, Baden
m⟩ ARA, Aarau (April)
⚙ Maschinen
🍴 Chrutwähe (Spinatkuchen)
⊞ Badener Chräbeli
🍷 Schinznacher
🍷 Goldwändler
⟋ Heinrich Pestalozzi (18./19. Jh.)

◁ Rheinfelden
▷ Aarburg

67

Mostindien wird der Thurgau im Volksmund oft auch genannt. Eine Wanderung durch den blühenden Oberthurgauer Obstgarten im Dreieck zwischen Bischofszell, Arbon und Romanshorn ist ein besonderer Genuss. Da liegt das ganze Land wie unter einem Brautschleier von Milliarden Apfelblüten. Und überall zwischen den Bäumen findet man die schmucken Dörfer mit den im Thurgau so typischen Riegelhäusern mit ihrem roten Gebälk. Und hinter all dieser Pracht dehnt sich in fast unendlicher Weite der blaue Bodensee. Und wer in Gottlieben nach einem Fischessen in der Drachenburg oder einem der andern Gasthäuser das Schiff besteigt oder ein Stück weit dem Ufer des Untersees entlang wandert, wird dieses Erlebnis seiner Lebtag nie vergessen.

Les Suisses alémaniques qualifient volontiers la Thurgovie de «Mostindien» («l'Inde du cidre»). Il fait bon se promener à travers les vergers de la haute Thurgovie, dans le triangle formé par Bischofszell, Arbon et Romanshorn. Des milliards de fleurs de pommier y font comme un voile de mariée qui s'étend sur tout les pays. Entre les vergers, de jolis villages et leurs maisons à colombages si typiquement thurgoviennes avec leur poutraison rouge. Et derrière ces paysages tout de splendeur, le lac de Constance étale ses eaux bleues presque à l'infini. Si, après un repas de poisson au Drachenburg ou dans une autre auberge, vous prenez le bateau à Gottlieben ou bien vous promenez le long de l'Untersee (qui fait suite au lac de Constance), cela restera pour vous un souvenir inoubliable.

Popolarmente, il Turgovia è conosciuto come «Mostindien» o India del mosto. Una gita attraverso il frutteto del Turgovia superiore, nel triangolo fra Bischofszell, Arbon e Romanshorn rappresenta un piacere particolare. L'intera regione è coperta da un manto nuziale di milioni e milioni di fiori di melo. E dappertutto, fra gli alberi di mele, ecco i graziosi villaggi con le case a intelaiatura, così tipiche con le loro travi rosse. E dietro tutta questa magnificenza, si estende fin quasi all'infinito l'azzurro del lago Bodanico. E chi prende il battello a Gottlieben, dopo un gustoso pranzo di pesce nel «Drachenburg» o in uno degli altri ristoranti, oppure compie una passeggiata lungo le rive del Lago Inferiore, non potrà mai più dimenticare questa esperienza.

Thurgau is often called 'Mostindien' or 'Cider India' in the local dialect. A walk through the flowering orchards of Upper Thurgau in the triangle formed by Bischofszell, Arbon and Romanshorn is a very special pleasure. The entire countryside is decked like a bride in her veil with milliards of apple blossoms. And here and there, between the trees, are the trim little villages with their typical half-timbered houses and red beams. Behind all this magnificence stretch almost endlessly the blue waters of Lake Constance. And anyone who has boarded the boat in Gottlieben or taken a walk along the shores of the Lake after a meal of fish at the Drachenburg or one of the other local restaurants will have stored up an indelible memory.

Thurgau

1803

☐ 1013 km²
⚘ 192 439
◯ Frauenfeld
▮ Deutsch
〰 Thur
〰 Bodensee
▲ «Grat»
   (beim Hörnli ZH
   1135 m)
✳ Schloss Arenenberg
⛪ Kartause Ittingen
♫ Theater an der
   Grenze, Kreuzlingen
m〉 Thurgauer
   Frühjahrsmesse,
   Frauenfeld (März)
🚛 Lastwagen
†○† Bodenseefelchen
⊞ Gottlieber Hüppen
🍷 Arenenberger
🍷 Sunnehalder
⚓ Adolf Dietrich
   (20. Jh.)

◁ *Schloss Hagenwil*
▷ *Berlingen*

Wer den von Wolken behangenen Norden per Bahn oder Auto durch eine der längsten Tunnelröhren der Welt unter dem Gotthardmassiv verlässt, hofft auf blauen Himmel und Sonnenschein im Süden. Doch oft streichen die gleichen Schwaden um die steilen Felsen des oberen Tessins. Erst wenn er die Leventina mit ihren Kehren hinter sich lässt und nach Bellinzona mit seinen drei romantischen Burgen durch die Magadinoebene Locarno oder über den Ceneri Lugano zustrebt, wird das Wetter vielleicht so mild und lieblich wie das Gestade am See. Dies nun ist das Tessin, wie man es sich vorstellt: blauer See, Blumen, südliche Vegetation, der Monte Brè und der San Salvatore. Deutschschweizer und Deutsche überschwemmen dieses Paradies. Schon kann man sich ohne deutsche Sprachkenntnisse auf Strassen und Plätzen kaum mehr durchschlagen.

Qui abandonne les brumes du Nord, en train ou en voiture, à travers un des plus longs tunnels du monde sous le massif du Gotthard, espère se retrouver au soleil sous un ciel bleu. Souvent cependant, les mêmes nuages surplombent les rochers abrupts du haut Tessin. Ce n'est qu'après avoir passé la Léventine et ses virages ainsi que Bellinzone, avec des trois châteaux romantiques, pour aboutir à la plaine de Magadino, à Locarno — ou par le Ceneri à Lugano — que le temps se fera peut-être aussi clément et plaisant que le rivage du lac. On retrouve alors le Tessin tel qu'on l'imagine: un lac bleu, des fleurs, une végétation méridionale, le Monte Brè et le San Salvatore. Ce paradis est envahi de Suisses alémaniques et d'Allemands. On en arrive à être contraint de savoir l'allemand pour se débrouiller dans les rues et sur les places tessinoises.

Chi dal Nord piovoso imbocca, per strada o per ferrovia, una delle più lunghe gallerie del mondo intero, quella che attraversa il massiccio del San Gottardo, spera di trovare dall'altra parte il cielo azzurro e il sole. Capita, purtroppo, che le stesse nubi coprano i monti dell'Alto Ticino. Ma scendendo verso il piano, dopo aver lasciato dietro di sè i tornanti della Leventina, e aver raggiunto Bellinzona, con i suoi tre romantici castelli, per dirigersi sia verso Locarno, attraverso il piano di Magadino, sia Lugano, attraverso il Monte Ceneri, il tempo migliorerà e diventerà dolce e gradevole. Questo è il Ticino come deve essere: un lago azzurro, fiori, la vegetazione meridionale, il Monte Brè ed il San Salvatore. Questo paradiso è letteralmente sommerso dai turisti svizzero-tedeschi e germanici ed è quasi impossibile cavarsi d'impaccio nelle strade e nelle piazze se non si sa il tedesco.

The traveller leaving the cloud-enshrouded north to plunge into one of the longest tunnels in the world, that through the Gotthard Massif, hopes to find blue skies and sunshine on the southern side. But the same swaths of cloud frequently drift about the steep rock faces of Upper Tessin. Only when the traveller has left the Leventina and its twists and turns and Bellinzona with its three romantic fortresses behind and is approaching Locarno across the plain of Magadino or Lugano via the Ceneri will the weather become mild and pleasant enough to match the shores of the lakes. That is the Tessin of one's dreams—the blue lake, the flowers and semi-tropical vegetation, the Monte Brè and the San Salvatore. This paradise is overrun by Swiss-Germans and Germans to the extent where it is barely possible to make one's way through the streets of Lugano without some knowledge of the German language.

Ticino

1803

☐ 2811 km²

🐑 277 220

○ Bellinzona

⚏ Italienisch

〰 Ticino

〰 Luganersee

▲ Rheinwaldhorn 3402 m

🏛 Nufenen 2478 m

✳ Isole di Brissago

🏛 Sammlung Thyssen, Villa Favorita, Castagnola bei Lugano

♫ Teatro Dimitri, Verscio

🍇 Wein

🍽 Risotto con Luganighe

▦ Amaretti

🍷 Merlot del Ticino

🏄 Giuseppe Motta (20 Jh.)

◁ Aurigeno, Valle Maggia

▷ Ascona

Der Kanton Waadt, das sind für den Deutschschweizer vor allem die Rebberge des Lavaux, die in der Sonne gleissenden Hänge am Genfersee, über die man – von Freiburg kommend, sei's mit der Bahn, sei's mit dem Auto – immer wieder von neuem überwältigt hinabfährt, als gelänge man ins gelobte Land. Und überall der See, der blaue Genfersee mit seinen Schlössern, vom berühmtesten – dem tausendmal kitschig gemalten Schloss Chillon bis hinab zum Schloss Nyon. Die Waadt, das ist aber ebenso das schneebedeckte Massiv der Diablerets wie auch der rauhe Jura des Vallée de Joux jenseits des Col du Marchairuz, dessen grandiose Weite und herben Reiz zu beschreiben es eines eigenen Kapitels bedürfte.

Le canton de Vaud, pour les Suisses alémaniques, ce sont surtout les vignes du Lavaux gorgées de soleil sur les pentes qui plongent dans le bleu Léman, une découverte qui saisit à chaque fois lorsqu'on arrive de Fribourg par le rail ou par la route – comme si l'on débouchait sur la Terre promise. Et le lac qui s'étale avec ses châteaux, depuis le très célèbre château de Chillon, qui a donné lieu à mille tableaux d'un goût discutable, jusqu'au château de Nyon. Mais le canton de Vaud, c'est aussi le massif enneigé des Diablerets et le Jura rude de la vallée de Joux par-delà le col du Marchairuz, dont l'étendue grandiose et le charme austère mériteraient un chapitre à part.

Per gli altri Svizzeri, il canton Vaud sono gli immensi vigneti del Lavaux, i pendii scintillanti al sole, sopra il Lemano, che si raggiungono venendo da Friborgo, sia con il treno, sia con l'automobile, e che affascinano ogni volta, come se si stesse per arrivare nella Terra promessa. E dappertutto il lago, l'azzurro Lemano con tutti i suoi castelli, dal più celebre, quello di Chillon, che tanti artisti hanno ritratto migliaia di volte, fin giù, a quello di Nyon. Il Paese di Vaud, di cui fanno parte sia il massiccio dei Diablerets coperti di neve, sia il rude Giura della Valle del Joux dall'altra parte del Col du Marchairuz, la cui grandiosa ampiezza e bellezza suggestiva necessiterebbe di un capitolo a sè per essere descritta.

For the German-speaking Swiss the Canton of Vaud is, above all, the vineyards of the Lavaux and the sunwashed slopes of the Lake of Geneva through which one travels from Fribourg by road or by rail, repeatedly overcome by the glories on all sides, as if one were journeying to the Promised Land. And at every turn there is the Lake, the blue, blue Lake of Geneva with its castles, from the thousandfold kitsch-depicted Castle of Chillon to that of Nyon. But the Canton of Vaud is also the snowclad massif of the Diablerets and the harsh Jura of the Joux Valley beyond the Marchairuz Pass, whose impressive breadth and subtle fascination would require a chapter all to themselves.

Vaud

LIBERTÉ
ET
PATRIE

1803

- 3219 km²
- 550336
- Lausanne
- Französisch
- La Broye
- Genfersee
- Les Diablerets 3210 m
- Col de la Croix 1778 m
- Schloss Chillon
- Romainmôtier
- Théâtre du Jorat, Mézières
- Comptoir suisse, Lausanne (September)
- Wein
- Saucisson de Payerne
- Dorin
- Salvagnin
- Major Davel (18. Jh.)

◁ *Schloss Vufflens*
▷ *Rivaz, Genfersee*

Andere Berge mögen höher sein, aber keiner dürfte in aller Welt so bekannt und so oft fotografiert worden sein wie das Matterhorn. Gegenüber, auf der Nordseite versteckt sich hinter den Bergen der längste Gletscher des europäischen Festlandes, der Aletschgletscher, während der Rhonegletscher am östlichen Ende des Kantons sich auf einen kleinen Rest zurückgezogen hat und Privatbesitz eines Hoteliers ist. Mineraliensammler kennen das Wallis seiner Kristalle wegen, Kulturbewusste wissen um die Bedeutung der Abtei St-Maurice und dass die Notre-Dame-de-Valère hoch über Sitten die älteste Orgel der Welt birgt. Den Amerikanern ist der Golfplatz von Crans bekannt, den Schweizern der Wein, während sie oft vergessen, dass in der fruchtbaren Talsohle Tomaten und Aprikosen meist in Überfülle gedeihen, was ihnen die Walliser jedoch auf oft spektakuläre Weise in Erinnerung rufen.

Il existe des montagnes plus élevées, mais aucune n'est aussi connue et n'a été autant photographiée que le Cervin. En face, vers le nord, se dissimule le plus long glacier du continent européen, le glacier d'Aletsch, tandis que le glacier du Rhône en est réduit à peu de chose – et appartient à un hôtelier. Les collectionneurs de minéraux connaissent le Valais pour ses cristaux, les passionnés de culture savent l'importance de l'abbaye de St-Maurice, et aussi que Notre-Dame-de-Valère, au-dessus de Sion, abrite le plus vieil orgue du monde. Les Américains connaissent le terrain de golf de Crans, les Suisses le vin, alors qu'ils oublient souvent que le fond fertile de la vallée produit généralement une surabondance de tomates et d'abricots, ce que les Valaisans leur rappellent d'ailleurs fréquemment sur le mode spectaculaire.

Anche se ne esistono altre più alte, è certo che il Cervino è la montagna più celebre e maggiormente fotografata del mondo intero. Verso settentrione, dietro alle montagne che fanno da bordo all'ampia vallata del Rodano, si nasconde il più lungo ghiacciaio d'Europa, quello dell'Aletsch. Il ghiacciaio del Rodano, invece, non è più che un misero resto della passata grandezza. I mineralogisti conoscono i cristalli vallesani, mentre gli amatori delle bellzze culturali visitano l'abbazia di St.Maurice e la chiesa di Notre-Dame-de-Valère, in alto sopra Sion, che possiede il più vecchio organo del mondo. Gli Americani apprezzano il campo di golf di Crans, ma gli Svizzeri preferiscono il buon vino. Il fondovalle, molto fertile, produce albicocche e pomodori in sovrabbondanza, un fatto che i Vallesani sono spesso costretti a ricordare ai loro connazionali.

Other mountains may be higher but none can be better known or so frequently photographed as the Matterhorn. Opposite, on the northern side, the longest glacier on the European mainland, the Aletsch Glacier, hides behind the mountains, while the Rhône Glacier is now no more than a mere remnant which has become the private property of an hotelier. Mineral collectors know the Valais for its crystals. Those with cultural interests are aware of the significance of the Abbey at St.Maurice and know that Notre Dame de Valère, high above Sion, houses the oldest organ in the world. The Americans appreciate the golf course at Crans and the Swiss enjoy the local wines, often forgetting that tomatoes and apricots also grow in profusion on the fertile valley floor. But the Valais farmers have often found spectacular ways of reminding them of this circumstance.

Valais

1815

☐ 5226 km²
🏠 232 550
○ Sion
🚹 Französisch
Deutsch
〰️ Rhone
〰️ Genfersee
▲ Monte Rosa 4634 m
🏛 Nufenen 2478 m
✳ Gornergrat
🏛 Stockalperpalast, Brig
🎵 Théâtre de Valère, Sion
m〉 Comptoir de Martigny (September)
🍇 Früchte
🍴 Raclette
▦ Roggenbrot
🍷 Fendant
🍷 Dôle
⚒ Matthäus Schiner (16. Jh.)

◁ *Matterhorn*
▷ *Blatten, Lötschental*

Das reinste und schönste Französisch – nicht nur der welschen Schweiz – spricht man in Neuenburg. Kein Wunder, dass viele deutschschweizerische Eltern ihre Töchter und Söhne zur Vervollkommnung der zweiten Landessprache nach Neuchâtel zur Schule schicken. Traumhaft schön ist es ja hier, nicht nur in der malerischen Altstadt. Auch dem ganzen Ufer des grössten ganz zur Schweiz gehörenden Sees entlang. Über den Rebbergen geht es hinauf zum Jura, wo hinter der Vue des Alpes – der Name sagt alles – in einem 1000 m hoch gelegenen Tal die beiden Uhrmacherstädte La Chaux-de-Fonds und Le Locle liegen. Den Ausflug nach Les Brenets und eine Bootsfahrt auf dem Grenzfluss – dem Doubs – zwischen den senkrecht abfallenden Felsen sollte man sich nicht entgehen lassen.

C'est à Neuchâtel qu'on parle le français le plus pur et le plus beau – non seulement de Suisse romande. Il ne faut donc pas s'étonner que beaucoup de parents Suisses alémaniques envoient leurs rejetons polir la deuxième langue du pays dans une école neuchâteloise. La vieille ville pittoresque, mais aussi la région dans son ensemble est de toute beauté. Par exemple le rivage du plus grand lac entièrement suisse. Au-delà des vignes, on monte dans le Jura pour passer le col de la Vue des Alpes – nom révélateur – et trouver à mille mètres d'altitude les deux villes horlogères que sont La Chaux-de-Fonds et Le Locle. On ne manquera pas de pousser jusqu'aux Brenets pour faire une promenade en bateau sur le Doubs – rivière frontière avec la France – entre des rochers qui plongent verticalement dans l'eau.

Il francese più puro e più bello vien parlato a Neuchâtel. È una verità che non vale solo per la Svizzera francese, ma per tutte le regioni francofone. In questa città arrivano quindi tutti coloro che vogliono perfezionarsi in questa lingua così importante. Ma Neuchâtel ha anche molte bellezze naturali da offrire al visitatore: a cominciare dal centro storico, molto pittoresco, e continuando poi lungo le rive del lago. Se poi si sale lungo le pendici del Giura, oltre i vasti vigneti, e si attraversa la Vue des Alpes, dal cui culmine la vista è, a dir poco, spettacolare, si raggiungono le due città dell'orlogeria, Le Locle e La Chaux-de-Fonds, adagiate in una valle tipicamente giurassiana, a mille metri di quota. In nessun caso bisogna dimenticare di fare una gita a Les Brenets, includendo un giro in battello sul Doubs, il fiume che segna il confine con la Francia e che scorre fra rocce tagliate a picco.

The purest and most beautiful French—not only in French-speaking Switzerland either—is spoken in Neuchâtel. It is therefore no wonder that many parents in the German-speaking part of Switzerland send their sons and daughters to school in Neuchâtel to perfect their knowledge of the second national language. It is also very beautiful here; not just the old town but also all along the shores of the largest all-Swiss lake. Vineyards rise in terraces towards the Jura Mountains where, beyond the Vue des Alpes—the name is self-explanatory—the two watchmaking centres of La Chaux-de-Fonds and Le Locle lie in a valley 1000 metres above sea-level. No-one should miss the opportunity of taking a boat trip on the River Doubs, flowing between vertical rock faces and forming the frontier between Switzerland and France.

Neuchâtel

1815

- ☐ 797 km²
- ⚭ 156 216
- ○ Neuchâtel
- ⚑ Französisch
- 〰 Areuse
- 〰 Neuenburgersee
- ▲ Chasseral (sommet neuchâtelois) 1552 m
- ⛰ Vue des Alpes 1283 m
- ✳ Saut du Doubs
- 🕐 Internationales Uhrenmuseum, La Chaux-de-Fonds
- ♫ Cabaret du Pommier, Neuchâtel
- m⟩ Antiquitäten-Markt, Le Landeron (September)
- ⌚ Uhren
- ℟⌾ Jacquerie des Vignolants
- ⊞ Batz neuchâtelois (chocolat)
- ⚘ Neuchâtel
- ⚘ Pinot de Cortaillod
- ⤳ Le Corbusier (20. Jh.)

◁ *Le Landeron*
▷ *Schloss Neuenburg*

Genf, die Hauptstadt eines der kleinsten Kantone der Schweiz, ist sicher – zum Leidwesen vieler Zürcher, Berner und Basler – die in aller Welt bekannteste Schweizer Stadt. Sie war zwischen den beiden Weltkriegen Sitz des Völkerbundes und beherbergt auch heute eine «Filiale», den europäischen Sitz der Uno, dazu eine grosse Zahl internationaler Organisationen, allen voran das Internationale Rote Kreuz. Hart an der französischen Grenze liegt das Europäische Kernforschungszentrum CERN. Der Kanton, der im Süden vom bereits in Frankreich liegenden Mont Salève dominiert wird, umschliesst den westlichen Zipfel des Genfersees. Nicht nur dem Fremden, der zum erstenmal nach Genf kommt, springt das Herz vor Freude und Lust in dieser mit keiner andern Schweizer Stadt, sondern nur mit Paris vergleichbaren Atmosphäre.

Chef-lieu d'un des plus petits cantons de la Suisse, Genève est certainement la – au grand dam de bien des Zurichois, Bernois ou Bâlois – la ville suisse la plus connue dans le monde. Elle a été, entre les deux guerres mondiales, le siège de la Société des Nations et abrite aujourd'hui encore une «filiale» qui est le siège européen de L'O.N.U. et toute une série d'organisations internationales, en particulier le comité international de la Croix-Rouge. Tout près de la frontière française se trouve le CERN, Centre européen de recherches nucléaires. Dominé au sud par le Mont Salève déjà situé en France, le canton entoure l'extrémité occidentale du lac Léman. Lorsqu'on revient à Genève, c'est à chaque fois le même enchantement d'une ambiance qui ne peut se comparer qu'à celle de Paris.

Ginevra, capitale di uno dei più piccoli cantoni svizzeri, è certamente la città elvetica più conosciuta in tutto il mondo, con molto dispiacere dei Zurigani, Bernesi e Basilesi. Nel periodo fra le due guerre mondiali, essa è stata sede della Società delle Nazioni e anche oggi ospita una «filiale», la sede europea dell'ONU, oltre a un gran numero di organizzazioni internazionali, fra le quali la prima è la Croce Rossa Internazionale. Praticamente a cavallo della frontiera francese vi è il Centro delle ricerche nucleari europee CERN. Il Cantone, dominato a meridione dal Mont Salève, che si trova già in territorio francese, circonda l'estremità occidentale del Lemano. E non è solo il cuore di chi vi arriva per la prima volta, a battere più forte dal piacere e dalla contentezza: l'atmosfera ginevrina non è paragonabile a quella di nessun'altra città svizzera, bensì a quella di Parigi.

Geneva, the main town of one of the smallest cantons in Switzerland, is undoubtedly the best-known Swiss city throughout the world, much to the chagrin of many people in Zurich, Berne and Basle. Between World Wars I and II Geneva was the home of the League of Nations and today there is still a 'branch' there in the shape of the European headquarters of the United Nations. A large number of other international organizations also have their head-offices in Geneva, above all the International Red Cross. Hard on the French border lies the European nuclear research centre, CERN. The Canton, dominated to the south by Mont Salève on French territory, encloses the western end of the Lake of Geneva. It is not only the visitor's heart that leaps for joy at Geneva's completely un-Swiss ambiance—for it is comparable only with that of Paris.

Genève

1815

☐ 282 km²
⚶ 363 550
◯ Genève
🚹 Französisch
≋ Rhone
≋ Genfersee
✳ Chamonix (Frankreich)
Ⱥ Kathedrale St. Pierre
♫ Théâtre de Poche, Genève
m〉 Internationaler Automobilsalon, Genève (März)
💍 Juwelen/Schmuck
🍽 Cardons au gratin
▦ Vue de Genève (chocolat)
🍷 Perlan
🍷 Gamay
⚱ Henri Dunant (19. Jh.)

◁ *Genf*

Der Jura ist der jüngste der 26 Schweizer Kantone. Bis 1979 gehörte er noch zum Kanton Bern, von dem er sich nach jahrelangem hartnäckigem Bemühen gelöst hat. Noch sind die Geister nicht alle zur Ruhe gekommen. Aber was tut's! Der Kanton Jura verdient seinen Namen zu Recht. Er ist der Inbegriff des Juras schlechthin: die Franches Montagnes, die Freiberge, mit ihren weidenden Pferden und dem verträumten Etang de la Gruère, dem weitverzweigten Moorsee inmitten einer fast skandinavisch anmutenden Vegetation, das Tal des Doubs mit dem ehrwürdigen Städtchen St-Ursanne, zu dem man vom Col des Rangiers zwischen dem Hochplateau bei Delémont und der Ajoie, dem Pruntruter Zipfel, hinuntersteigt.

C'est le plus récent des 26 cantons suisses. Il a fait partie jusqu'en 1979 du canton de Berne, dont il s'est séparé après de longues années d'efforts opiniâtres. Les esprits ne sont pas encore complètement calmés. Mais qu'importe! Le canton du Jura porte bien son nom. C'est l'essence même du Jura: les Franches Montagnes avec des chevaux qui pâturent, l'idyllique étang de la Gruère, un lac marécageux très découpé au milieu d'une végétation d'aspect quasi scandinave, la vallée du Doubs avec le vénérable bourg de St-Ursanne, que l'on atteint en descendant depuis le col des Rangiers qui relie le haut plateau de Delémont et l'Ajoie, pointe formée par la région de Porrentruy.

Il Giura è il più giovane fra i Cantoni svizzeri, che solo nel 1979, dopo anni e anni di caparbi sforzi, è riuscito a staccarsi da Berna, del quale faceva parte. Questo Cantone rende piena giustizia al suo nome, poichè rappresenta l'essenza di questa bellissima regione. Nelle Franches Montagnes i cavalli pascolano liberamente; vi troviamo il fantastico Etang de la Gruère, uno stagno che allunga i suoi molti rami nel mezzo di una vegetazione che rammenta quella della Scandinavia. Più oltre, attraversando il Col des Rangiers, che separa gli altipiani di Delémont e dell'Ajoie, scendiamo a St. Ursanne nella valle del Doubs, una suggestiva cittadina che merita di essere visitata.

Canton Jura is the youngest of all Switzerland's 26. This region was part of the Canton of Berne until 1979 when it succeeded in breaking away after years of determined and often belligerent effort. Even now the dust has not quite settled—but this need not worry you—Canton Jura fully deserves its name. It *is* the Jura. There are the Franches Montagnes where the horses graze and the idyllic Lake of Gruère, the many-branched bog lake set amidst vegetation almost Scandinavian in character; then there is the Valley of the River Doubs with the venerable little old town of St. Ursanne into which one descends from the Rangiers Pass between the high-lying plateau near Delémont and the Ajoie, the peak near Porrentruy.

Jura

1979

☐ 838 km²

⌂ 64 711

◯ Delémont

▮ Französisch

≋ Le Doubs

▲ Le Raimeux 1302 m

🏛 Col des Rangiers 856 m

✳ Etang de la Gruère

⛪ St-Ursanne

m⟩ Marché concours, Saignelégier (August)

🐎 Pferde

⦿❘ Saucissons d'Ajoie

⚑ Eugène Lachat (19. Jh.)

◁ *La Bosse*
▷ *Porrentruy*

93

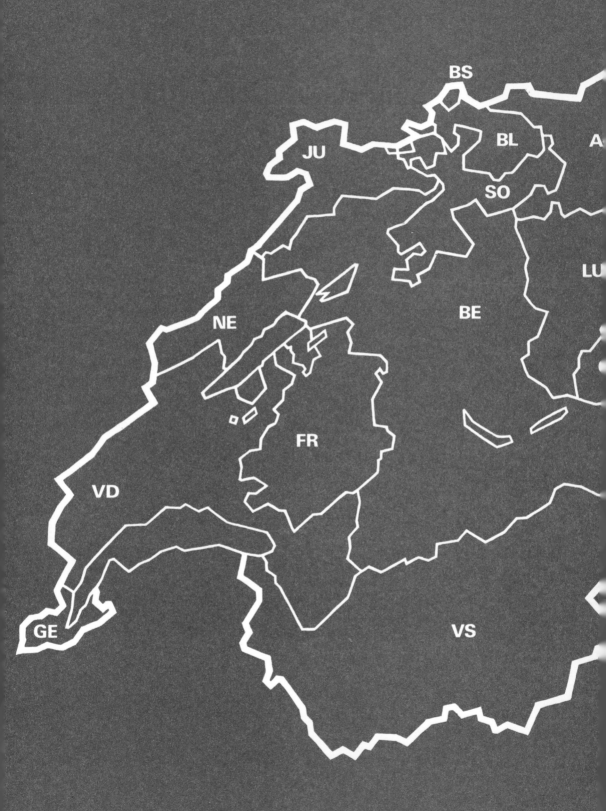